隐藏在西游记里的大语文

赵集广 编著

北京出版集团
北京工艺美术出版社

图书在版编目（CIP）数据

隐藏在西游记里的大语文 / 赵集广编著 . -- 北京 ：北京工艺美术出版社，2024.7
ISBN 978-7-5140-2812-6

Ⅰ . ①隐… Ⅱ . ①赵… Ⅲ . ①《西游记》－青少年读物 Ⅳ . ① I242.4

中国国家版本馆 CIP 数据核字 (2024) 第 072472 号

出 版 人：夏中南　　策划编辑：高　岩
装帧设计：姜家璇　　责任编辑：赵　微　王矜茹
责任印制：范志勇

隐藏在西游记里的大语文

YINCANG ZAI XIYOU JI LI DE DA YUWEN

赵集广　编著

出　　版	北京出版集团 北京工艺美术出版社
发　　行	北京美联京工图书有限公司
地　　址	北京市西城区北三环中路6号　京版大厦B座702室
邮　　编	100120
电　　话	(010) 58572763（总编室） (010) 58572878（编辑室） (010) 64280045（发　行）
传　　真	(010) 64280045/58572763
经　　销	全国新华书店
印　　刷	天津海德伟业印务有限公司
开　　本	710 毫米 × 1000 毫米　1/16
印　　张	23.5
字　　数	350千字
版　　次	2024年7月第1版
印　　次	2024年7月第1次印刷
印　　数	1～10000
定　　价	98.00元

目录

西梁国

第一章

翻手云，覆手雨

取经前真能咋呼

唐僧

我一心向佛取经，就这泼猴真是难领导。

孙悟空

师傅，俺都听您的还不行吗？

观音菩萨

孙悟空，你要努力工作，小心我让你师傅念紧箍咒！

小猴子

大王大王！你别走，你走了我们可怎么办啊？

猪八戒

猴哥，你必须跟我们走，不然我老猪路上跟谁玩啊？

观音菩萨

孙悟空就是个调皮捣蛋鬼，不许耍脾气！

孙悟空

老说我！明明我是个好孩子！

《西游记》悬疑

※孙悟空在取经路上多次被师傅撵走，是否都是孙悟空的错？

※《西游记》中孙悟空曾两次返回花果山，这是为什么呢？

释疑故事

孙悟空是唐僧几个徒弟中本领最强的一个，也是最不让唐僧省心的一个，在取经路上，他们两个曾经多次矛盾激化，最后都以孙悟空出走而告终。第一次是唐僧刚在五行山放出孙悟空不久，在路上遇到强盗，孙悟空大开杀戒，因此遭到唐僧的训斥，孙悟空大怒离去。观音菩萨看孙悟空性格如此顽劣，就把如来给自己的“紧箍”交给唐僧，并交给唐僧使用方法。在孙悟空气消回来后，唐僧将紧箍套在孙悟空头上，并念动紧箍咒的咒语，让孙悟空服从管教，乖乖跟随自己去西天取经。不过后来，孙悟空在“三打白骨精”以及“真假美猴王”的故事中又离唐僧而去，由此可见孙悟空还是野性难驯。不过一路上唐僧经常被妖怪用简单的障眼法反复哄骗，听不进孙悟空的一片忠言，孙悟空有点小情绪也是在所难免的。

刨根问底

白骨精——她本是白虎岭上的一具化为白骨的女尸，偶然采天地灵气，受日月精华，变幻成了人形，习得化尸大法，以白色的骷髅骨形态出现。

观音菩萨生日——观世音菩萨有三个生日。诞辰（农历二月十九），这天她成了三公主。成道（农历六月十九），这天是她证得果位的日子。出家（农历九月十九），这天是她出家的日子。

引申词释义

恣意行凶——逞恶、肆意作恶的意思。

激将法——用刺激性的话使将领出战的一种方法。泛指用刺激性的话或反话鼓动人去做某事的一种手段。

说文解字

取经要知道：花果山——位于江苏省连云港市，在花果山玉女峰草木茂盛的树林中，生活着300多只活泼可爱的猕猴。与《西游记》故事相关联的孙悟空降生地的娲遗石、栖身之水帘洞等在这儿都有实景。这儿的水帘洞是《西游记》中孙悟空老家的水帘洞的原型。早在《西游记》成书之前，水帘洞已闻名遐迩。

细挖《西游记》

御弟

在《西游记》中，唐僧和李世民是同龄人，最后兄弟相称，这就是“御弟”一称的由来。

腾云驾雾

1. 传说中指利用法术乘云雾飞行。

2. 形容奔驰迅速或头脑迷糊、昏乱。

解释：乘着云，驾着雾。原指传说中会法术的人乘云雾飞行，后形容奔驰迅速或头脑发昏。

出自元·郑光祖《程咬金斧劈老君堂》第二折：“恨不的驾雾腾云，臂生两翅，飞出狱院。”明·吴承恩《西游记》第三回：“他放下心，日逐腾云驾雾，遨游四海，行乐千山。”

西游趣谈

唐僧：没有高铁，还让我去印度？

李世民：你可以去取经，还可以去吃印度飞饼！

如来佛祖：赐你三件宝物：锦襕袈裟、九环锡杖、紧箍。祝你一路平安！

钟馗：你小子此去，不知何时归。我赠你护身符一个。

唐僧：我有大唐的通关文牒在身，我是通往佛国的探路者。

李世民：随时记录生活！回来给我们讲讲你的见闻。

唐僧：都让我出远门了，还给我布置任务！

李世民：等你回来我亲自迎接你！

《西游记》另类悬疑

※观音实际上派发了“金、紧、禁”三个箍子。给了孙悟空紧箍，意为“心猿归正，六贼无踪”，即想让他六根清净。给了黑熊精禁箍，黑熊精给菩萨看守后山，也就成了门卫，而门卫要做的是“禁止不相关者入内”。给了红孩儿金箍，因为菩萨招红孩儿是做善财童子，而金就是财。

大语文拓展

1.人物鉴赏

唐僧

唐僧是个心慈面善、吃斋念佛的僧人，也是个很有本事的领导者。唐僧是一个凡人的形象，有懦弱的一面，也有善良的一面，又因肉眼凡胎，所以看到孙悟空大开杀戒的时候会严厉呵斥。他是一个信仰坚定、心怀善念的人。

2.《西游记》冷知识

《西游记》中殷峤是当朝宰相，因看重陈光蕊的才学，将自己的女儿殷温娇嫁给他为妻，殷温娇后来生下了一个男孩，这个男孩就是后来的唐僧。在历史上殷峤是凌烟阁二十四功臣之一。

凌烟阁《二十四功臣图》，人物比例皆真人大小，画像均面北而立，唐太宗时常前往怀旧。阁中分为三层：最内一层所画为功勋最高的宰辅之臣，中间一层所画为功高王侯之臣，最外一层所画则为其他功臣。

3.歇后语

猪八戒照镜子——里外不是人

白骨精一计未成——又生一计

4.冷知识探真

孙悟空的七十二变其实不是变成七十二种样子，而是七十二般本事。

过关题典

一、问答题

孙悟空名字的由来。

二、选择题

《西游记》是什么样的小说？请选择正确答案（　　）

A. 科幻小说　　B. 自传体小说　　C. 武侠小说　D. 神魔小说

三、请将下列相匹配内容连线

孙悟空	流沙河
唐太宗	金蝉子
唐僧	花果山
沙僧	贞观之治

四、阅读理解

在东胜神洲傲来国海滨的花果山顶有一块仙石。一日，仙石轰然迸裂，惊天动地，并化出了一个石猴。这石猴灵敏聪慧，他交结群猴，在水帘洞找到安家的好处所。群猴尊石猴为美猴王。美猴王为寻找长生不老的仙方，独自驾筏，漂洋过海，来到一个渔村。他拾得衣衫，偷来鞋帽，并去饭馆饮酒吃面，闹了许多笑话，也学了几分人样。猴王一路寻访，终于登上灵台方寸山，在斜月三星洞拜见了菩提祖师。祖师为他取名“孙悟空”。

这段话讲的主要人物是谁？请简要概括该段内容，并在此基础上续写一小段该故事的未来发展情况。

别拿“老孙”不当个官儿

孙悟空

连个顺手的武器都没有，借个去。

龙王

我后悔了，想要回我的大宝贝。

玉皇大帝

忽悠孙猴子去闻马粪去。

太白金星

我是玉皇大帝的好参谋。

蟠桃宴会各路神仙

咋没看见那个毛猴子?

太上老君

让你来我的炼丹炉里，烧死你!

孙悟空

你们都欺负我，气死我了！要你们好看!

《西游记》悬疑

※孙悟空到底是不是个坏蛋呢？为啥总是有各种天神为难他、诱惑他、欺骗他？

释疑故事

猴王得知王母娘娘设蟠桃宴，请了各路神仙，唯独没有请他，所以火冒三丈，大闹瑶池。他独自开怀痛饮，又吃了太上老君的九转金丹，收罗了所有酒菜瓜果，回花果山与众猴摆起了神仙酒会。玉皇大帝暴怒，倾天宫之兵将，捉拿猴王。交战中猴王中了太上老君的暗算，不幸被擒。太上老君将他送进炼丹炉，结果不但没有烧死他，反而让他收获了一双火眼金睛，并再一次把天宫众兵将打得落花流水，吓得玉皇大帝只得向如来佛祖求救。

刨根问底

如意金箍棒——《西游记》中孙悟空所使用的兵器。如意金箍棒原本就是兵器，是太上老君用玄铁炼制，“如意金箍棒”这个名字也是太上老君所取，并刻在棒身上。后来它被大禹借走治水，又被大禹取名为“天河定底神珍铁”。它重13500斤，能伸能缩，存放在东海龙王处，后被孙悟空借走。

梨花枪——“梨花枪”，金人称“飞火枪”，因喷药筒内装有形似梨花的铁蒺藜、碎铁屑而得名。

引申词释义

昏头昏脑——形容头脑发昏，糊里糊涂。

聆音察理——听到声音就能明察事理。指善于分析研究。

说文解字

取经要知道：世上无难事，只怕有心人——只要肯下决心去做，世界上没有什么办不好的事情，困难总是可以克服的。《西游记》第二回中记载了“孙悟空道：‘这个却难！却难！’祖师道：‘世上无难事，只怕有心人。’悟空闻得此言，叩头礼拜。”

赊（shē）三不敌见二——比喻空许的好处比不上现有的。《西游记》第三回中记载了“我老孙不去！不去！俗语谓‘赊三不敌见二’，只望你随高就低的送一副便了。”

细挖《西游记》

《西游记》可以追溯到一个叫作“深沙神”的传说，这个深沙神就是后来的沙悟净形象原型，在《大唐西域记》中，玄奘法师记载了自己在沙漠穿行时，因为失手打翻了最后一个水袋，走了五天六夜后体力不支而晕倒在炙热的沙漠上，恍恍惚惚中，突然看到一个獠牙红毛的大神，这个大神厉声责问玄奘为何不继续前行，玄奘法师猛然惊醒，爬起身后，发现前面不远处就是水草地，这才获得了生机。

西游趣谈

王母娘娘：隆重举办蟠桃会。

孙悟空：为什么不请我?

玉皇大帝：怕你闹事。

孙悟空：我很生气。

天庭众仙：不能让孙猴子胡来!

蟠桃：猴子，你的饭量真大!

孙悟空：我就是这么任性!

《西游记》另类悬疑

※根据《骊（lí）山老母玄妙真经》的记载，骊山老母在道教中的化身是斗姆元君，在佛教中又是摩利普天菩萨，只有在天庭中才是骊山老母这个身份。

大语文拓展

1.人物鉴赏

孙悟空

孙悟空是小说的核心人物，也是作者着墨最多的人物之一。孙悟空的名字来源于小说的第一回《灵根育孕源流出 心性修持大道生》。书中菩提祖师问孙悟空的姓名，他说他是石头里蹦出来的石猴。菩提祖师看他像个树上食松果的猢狲，就取了个“狲”（sūn）字。而他又不是普通意义上的走兽，于是便去除了左边的兽旁，就成了“孙”字。“悟”字则是根据菩提祖师的徒弟辈分排名而来，而“空”字则意味着佛家修炼的最高境界。

2.《西游记》冷知识

《西游记》中曾提到如来佛祖被孔雀吞到肚子里的故事。当时如来佛祖在雪山顶修炼丈六金身，却被刚出生的孔雀一口吞进了肚子里。后来如来佛祖剖开孔雀的脊背跑了出来并想杀了孔雀，却被诸佛劝解，说是如来佛祖从孔雀肚子里出来，伤孔雀犹如伤其母，所以不能杀，还封赏其为佛母孔雀大明王菩萨。

3.歇后语

毛猴子说话——不知轻重

孙悟空赴蟠桃会——不请自来

4.冷知识探真

猪八戒因触犯天条被贬下凡，最终还是采用了夺舍的方式得到一个猪身，他本身就是野猪成精，其实也不算是投错胎。

过关题典

一、选择题

（　）在黑松林误入妖穴被擒。

A. 唐僧　　B. 孙悟空　　C. 沙和尚

二、问答题

孙悟空是《西游记》中最受人们欢迎的人物形象之一，他“闹龙宫”“闯冥府”“闹天宫”，桀骜不驯，敢作敢当，令人钦佩。请根据自己的阅读积累，各用一句话概括这三个故事。

闹龙宫：________________

闯冥府：________________

闹天宫：________________

三、简答题

孙悟空先后有美猴王、弼马温、齐天大圣、斗战胜佛等称呼，请说出各个称呼的由来。

美猴王：________________

弼马温：________________

齐天大圣：________________

斗战胜佛：________________

别以为穿了个马甲就不认识你了

孙悟空

天色异常，可能有妖怪。

白骨精

我要吃唐僧肉！长生不老！

唐僧

我有点饿了。

猪八戒

有美少女！还有馒头！流哈喇子了。

沙僧

我们要听大师兄的话吗？

白骨精

吓唬一下毛猴子。

唐僧

你个不听话的毛猴子，杀了三人，你走吧！我不需要你这样的徒弟！

孙悟空

明明是你们认不出伪装的妖怪，还赖我？走就走！

《西游记》悬疑

※唐僧作为取经团队的队长，他总是认不清好人和坏人，是其自身能力不足还是作者有意通过对比来衬托孙悟空的厉害呢？

释疑故事

白骨精三次设计捉唐僧。第一次，她变成一个美丽少女，手提一篮馒头，笑着想把师徒三人从圈内骗出，后来孙悟空赶到，举棒就打，白骨精化作青烟跑掉了。第二次，她变成老婆婆，拄一根拐杖从山后走来，孙悟空认出又是白骨精变的，举棒又打，白骨精故伎重施，化烟脱逃。第三次，她变作一个老头，在一间茅屋前坐等唐僧的到来。孙悟空看见，上来就打，白骨精招架不住，便用计从云端扔下一个黄绢，上面写着：佛心慈悲，切勿杀生；再留孙悟空，难取真经。唐僧信以为真，怪孙悟空连伤两命，逼孙悟空离开。于是白骨精顺利地捉住了唐僧，在白骨精邀母亲来吃唐僧肉时，孙悟空赶到并打死老妖，然后扮作白骨精的母亲进洞救出了唐僧。

刨根问底

画杆方天戟——戟是中国古代的一种兵器，在戟杆一端装有金属枪尖，一侧有月牙形利刃通过两枚小枝与枪尖相连。方天戟上以画、镂等作为装饰，又称方天画戟。

三尖两刃刀——长兵器，也称二郎刀，前端有三叉刀形，刀身两面有刃，随一般大刀之使用法门，其前端三叉刀锋利无比，可用于劈、搅、冲、扎、缠、绕、拨、锁、铲等。

引申词释义

眉花眼笑——形容非常高兴、兴奋的样子。

梦想颠倒——比喻心神恍惚，失去常态。

说文解字

取经要知道：**一客不犯二主**——比喻一件事由一个人全部承担，不麻烦第二个人。《西游记》第三回中记载了“悟空道：‘一客不犯二主。若没有，我也定不出此门。’”亦作一客不烦二主。

皇帝轮流做，明年到我家——意思是谁都可以做帝王或高官，比喻人都有走好运的时候，不会永远屈居下位。《西游记》第七回中记载了“常言道：‘皇帝轮流做，明年到我家。只教他搬出去，将天宫让与我，便罢了。’”

细挖《西游记》

《西游记》是明代吴承恩所作，可是天蓬元帅这个称号在很早之前就有了，他是北极四圣之首，在中国道教神话中有着较高的地位，吴承恩应该是参考了元代杨景贤《西游记》杂剧中的猪八戒与道家的天蓬元帅形象，才塑造了《西游记》里的猪八戒形象。

西游趣谈

老婆婆：出家人，你们好，欢迎你们在我这里留宿。

唐僧：谢谢施主，您以后一定善有善报。

老婆婆：我都这么大年纪了，以后有善报也看不见了。希望你们今天就能报答我。

孙悟空：那你说要怎么报答呢？

老婆婆：你们几个人给我留下做女婿吧！

唐僧：这怎么行呢？我们是出家人啊！

老婆婆：我这么周到地款待你们，你们连我这么点要求都不能满足吗？

猪八戒：老妈妈，不要紧，我留下，我能满足你的要求！

《西游记》另类悬疑

※在《西游记》第二十三回中有“四圣试禅心”的故事，讲了骊山老母和观音、普贤、文殊菩萨变成母女四人，欲招唐僧为夫，并将三个女儿嫁给孙悟空、八戒和沙僧。四圣试禅心的目的就是试探唐僧师徒取经的决心。

大语文拓展

1.人物鉴赏

猪八戒

猪八戒又叫猪悟能，悟能是观音菩萨赐予其的法号。猪八戒和孙悟空经常唱对台戏，可他又没有孙悟空强大的法力，只能常常搬弄是非、耍耍鬼心眼。猪八戒贪吃、贪财。后来他配合孙悟空斗妖魔、除鬼怪，一起完成取经大业。

师傅这可不是第一次了哦！
无可救药！！
师傅不要赶我走……

2.《西游记》冷知识

沙僧的武器是降妖宝杖，曾经被妖怪讥讽为“擀面杖”，因此只是一根短棒，并不是影视剧中经常出现的月牙铲的形状。

3.歇后语

孙悟空封了个弼马温——不知官大官小

猪八戒爬城墙——倒打一耙

4.冷知识探真

根据十殿阎王的说法，泾河龙王的生死簿其实是放在天庭南极仙翁的府邸，十殿阎王是在南极仙翁收藏的簿子里看到泾河龙王的后续行动的。可见，神仙的生死簿是由南极仙翁管理的，他按照玉皇大帝的旨意进行编写。

过关题典

一、选择题

师徒行至（　　），日值功曹变作樵夫告知此处有妖。

A. 平顶山　　B. 莲花洞　　C. 盘丝洞　　D. 琵琶洞

二、阅读理解

唐僧大惊道："孙悟空，这个人才死了，怎么就化作一堆骷髅？"行者道："他是个潜灵作怪的僵尸，在此迷人败本；被我打杀，他就现了本相。他那脊梁上有一行字，叫做'白骨夫人'。"唐僧闻说，倒也信了；怎禁那八戒旁边唆嘴道："师父，他的手重棍凶，把人打死，只怕你念那话儿，故意变化这个模样，掩你的眼目哩！"唐僧果然耳软，又信了他，随复念起。行者禁不得疼痛，跪于路旁，只叫"莫念！莫念！有话快说了罢。"唐僧道："猴头，还有甚说话！出家人行善，如春园之草，不见其长，日有所增；行恶之人，如磨刀之石，不见其损，日有所亏。你在这荒郊野外，一连打死三人，还是无人检举，没有对头。倘到城市之中，人烟凑集之所，你拿了那哭丧棒，一时不知好歹，乱打起人来，撞出大祸，教我怎的脱身？你回去罢！"行者道："师父错怪了我也。这厮分明是个妖魔，他实有心害你。我倒打死他，替你除了害，你却不认得，反信了那呆子谗言冷语，屡次逐我……"

1. 上文是《西游记》第二十七回的节选，该节讲述了一个精彩的故事，请用简洁的语言进行概括。

2. 请根据文段中的对话描写概括孙悟空和唐僧的性格特点。

三、猜谜题

西山比武（打《西游记》一人物）

第二章

风从虎，云从龙

路过天竺国真的很忙

黄狮精

武器真是极品，我要拿。

孙悟空

咱们必须夺回武器！不然颜面何在？

太乙天尊

调皮狮子，快跟我回家。

唐僧

元宵节，咱们观灯会去。

玉兔

唐长老，做我的郎君嘛。

真公主

我终于回家了！

孙悟空

还是我的朋友多，一路收服妖怪都是兄弟们帮我的忙。

《西游记》悬疑

※天竺国里怪事多，王子们也搞不清楚真相，莫非有妖怪？取经路上若没有妖怪，还怎么发挥我们孙大圣的“无敌本事”呢？

释疑故事

天竺国玉华州的国王有三个儿子，他们很喜欢唐僧师徒四人，还连夜仿造铁棒、钉耙、禅杖。可是他们借孙悟空三人的兵器去打造时却遇到了小偷。八戒说：“定是这伙铁匠偷的！快拿出来！略迟了些儿，就都打死！”铁匠们说：“我们连日辛苦，夜间睡着，到了天明起来，就不见了。而且我们是凡人，怎么拿得动？望饶命！”国王说：“这城里军民匠作，也颇惧孤之法度，一定不敢欺心，希望神师再思。”孙悟空道：“不用再思，也不须赖铁匠。我只问殿下，你这城池四面，可有什么山林妖怪？”王子道：“城外北，有一座豹头山，山中有一虎口洞。有人说洞内有仙，有人说有妖。我们不知到底是什么。”后来孙悟空、八戒、沙僧三人设计进入妖洞，苦战后仍不敌，悟空请来太乙天尊，最终收服了九头狮子精，夺回了兵器。国王大开素宴答谢唐僧一行，又将狮子肉分与百姓瞻仰。王子说：“感谢神僧施展法力，扫荡了妖邪，除了后患，现在海晏（yàn）河清，天下太平了！”

刨根问底

八瓣莲花锤——八瓣莲花是指心轮。心轮有八条支脉，其在佛法上又称为“法身轮”，八瓣莲花锤也就是镶嵌有法身轮的锤子。

九环锡杖——如来佛祖命观音菩萨去东土寻找取经人，并将九环锡杖送与取经人使用。这锡杖上有九环，持在手中，不遭毒害。

引申词释义

念念有词——念念：连续不断地念叨；有词：有像歌诀一样的词语。旧指和尚念经，现指低声自语或含糊不清地说个不停。

安心定志——指安下心来。

说文解字

取经要知道：马流——猴子。《西游记》第十五回中记载了“菩萨道：‘我把你这个大胆的马流，村愚的赤尻（kāo）！我倒再三尽意，度得个取经人来，叮咛教他救你性命，你怎么不来谢我活命之恩，反来与我嚷闹？’”

君子不念旧恶——指有道德修养的人不把过去的仇怨记在心里。《西游记》第二十六回中记载了“大圣，古人云：‘君子不念旧恶。’只管题他怎的！菩萨着我来迎你哩！”

细挖《西游记》

其实真正决定猪八戒投什么胎的是南极仙翁，也就是寿星。原著中，寿星曾多次在取经中出现，可是每次见到寿星，猪八戒总是对他进行一番奚落与捉弄，究其根源，可能就是猪八戒埋怨当年寿星让他投成了猪胎。

西游趣谈

唐僧

我这个师傅可不好当呢！徒弟们都有两下子。

孙悟空

我这小体格子真不容易，整天跑来跑去的。

沙僧

我就喜欢我这大骷髅项链。

天竺国国王

欢迎远道而来的贵宾！

天竺国王子

感谢师傅们的赐教！

孙悟空

小意思小意思，不必客气！

九头狮子精

你们这些唐朝来的家伙，坏了我的好事！

《西游记》另类悬疑

※五庄观一共48名弟子，镇元子上天参会带走了46人，留下了年纪最小、修为最浅的清风、明月两位道童。镇元子还特地嘱咐他们，等唐僧来，送他吃两个，但不能让他那些徒弟知道。

大语文拓展

1.人物鉴赏

沙悟净

沙僧经菩萨劝化，皈依佛门，以沙为姓，取法名悟净，专候取经人。有学者认为沙僧的原型来源于《大唐三藏取经诗话》中的深沙神，深沙神是密宗的护法神。沙僧在送唐僧过河的时候，自身变成一座金桥，让唐僧渡过了“鹅毛飘不起，芦花定底沉”的八百里流沙河。在三个徒弟中，闯祸最少、最循规蹈矩的就是沙僧，他基本没犯过什么原则性的错误。

2.《西游记》冷知识

《西游记》没明确写西海龙王三太子是什么颜色的龙，只是他化作白马，故称之为白龙马，后称其为小白龙。

3.歇后语

耍猴的走了猢狲——没甚弄了

猴子吃辣椒——红了眼

4.冷知识探真

猪八戒虽然在天庭是天蓬元帅，但毕竟犯了重罪，寿星不敢忤逆玉皇大帝旨意，所以不能按照猪八戒的意思让他投胎成人。

过关题典

一、选择题

在《西游记》第三十八回中，太子打猎无物，不敢回朝，(　　)提供了无限野物。

A. 猎户　　　　B. 山神土地　　　　C. 八戒

二、填空题

那怪一闻此言，丢了钉耙，唱个大喏道：“那取经人在哪里？累烦你引见引见。”行者道：“你要见他怎的？”那怪道：“我本是观音菩萨劝善，受了他的戒行，这里持斋把素，教我跟随那取经人往西天拜佛求经，将功折罪，还得正果……今日既是人与他做了徒弟，何不早说取经之事，只倚凶强，上门打我？”

选文中“那怪”指：____________，请写出以他为主角的一个故事名称：____________________________。

三、猜谜题

儿童阅读《西游记》(打一成语)

四、简答题

“美猴王”的称号是怎么得来的？他为什么又叫“孙悟空”？

黄风岭里多古怪

黄风怪

我吃过佛祖灯油，你们谁有这本事？

唐僧

我这肩负重任啊，徒弟们你们可给我消停点吧！

猪八戒

我老猪可不是吃素的。

巡山小妖虎先锋

我要变老虎！变！

孙悟空

二师弟，你先上！我给你助威！

九齿钉耙

猪老大，你使唤我的时候小心一点。

猪八戒

一耙子打死你！

《西游记》悬疑

※虎先锋只是黄风怪手底下的巡山小妖，为何能把孙悟空和猪八戒都耍了？

释疑故事

在八百里黄风岭上有巡山小妖想捉了唐僧向“黄风大王”黄风怪邀功，遂与八戒赌斗，孙悟空安抚受惊吓的唐僧，可看八戒略在下风于是去助战。那孙悟空掣（chè）了铁棒，喝道：“拿了！”此时八戒抖擞精神，那怪便败下阵去。孙悟空道：“莫饶他！务要赶上！”他两个轮钉耙、举铁棒，将其赶下山来。那怪慌了手脚，使个“金蝉脱壳计”，打个滚，现了原身，依然是一只猛虎，他将虎皮盖在了一块大石头上，

孙悟空一棒子打下去震得手疼才发现上了小妖的当，便大喊：中了妖精的金蝉脱壳之计了。巡山小妖看准机会一阵大风便将唐僧卷进了洞穴。

刨根问底

九齿钉耙——全称为上宝沁金耙，乃太上老君用神冰铁亲自锤炼，再用六丁六甲之力锻造而成。九齿钉耙的重量连柄有五千零四十八斤。

降妖宝杖——也称“梭罗宝杖”，沙僧官拜卷帘大将军时由玉皇大帝赐予，可随心变化大小，方便携带，是降妖除魔的利器。沙僧被贬流沙河后，依然随身携带降妖宝杖，后在唐僧西行取经路上，降妖宝杖多次发挥出其威力。

引申词释义

八仙过海，各显神通——比喻每个人都充分发挥才智、本领。

暴风骤雨——暴：猛烈。骤：急速。来势急遽而猛烈的风雨。亦比喻群众运动声势浩大、发展迅猛。

说文解字

取经要知道：虎毒不吃儿——老虎再歹毒也不会吃掉自己的孩子。比喻人皆有爱子之心。《西游记》第二十七回中记载了“常言道：‘虎毒不吃儿。’凭着我巧言花语，嘴伶舌便，哄他一哄，好道也罢了。”亦作虎毒不食子、虎毒不食儿。

当家才知柴米价——主持其事的人，才知道事情的难。《西游记》第二十八回中记载了“当年行者在日，老和尚要的就有。今日轮到我的身上，诚所谓‘当家才知柴米价，养子方晓父娘恩’。”

细挖《西游记》

蟠桃大会召开之前，王母娘娘命七仙女去蟠桃园摘蟠桃为大会做准备。结果七仙女到了蟠桃园之后发现树上花果稀疏，只有几个毛蒂青皮的。七仙女东张西望，发现一颗大桃非常显眼，就伸手去摘，结果那桃子是孙悟空变的，于是双方发生争执。

西游趣谈

孙悟空：又让我去打架？

黄风怪：我才不怕猴子呢！

猪八戒：我来帮你！猴哥！

黄风怪：你们打不过我！

猪八戒：看我的绝招！

孙悟空：走你！翻个跟头就去找你玩！

黄风怪：我不跟你玩！我赶紧溜！

《西游记》另类悬疑

※大闹五庄观事件没有输家，镇元子得偿所愿地恢复了人参果树，还与未来可期的孙悟空结为兄弟。唐僧师徒则因吃了人参果而变得百病不生还长寿。

大语文拓展

1.人物鉴赏

混世魔王

孙悟空被菩提祖师赶走后又回到了花果山，结果发现花果山被别人霸占了，这个人就是混世魔王。虽然名字威风，但战斗力却不行，很快就被学艺归来的孙悟空打败了。

2.《西游记》冷知识

天宫的北天门由真武大帝镇守，孙悟空闹天宫时从未敢走过北天门。

3.歇后语

孙悟空的毫毛——随机应变

白骨精遇上孙悟空——原形毕露

4.冷知识探真

孙悟空虽然脾气很大，但是从不乘人之危，他疾恶如仇，路见不平定要拔刀相助。他身处险境或者无计可施的时候，从来没有靠投机取巧来赢得胜利，可见孙悟空是非常正直的。

过关题典

一、选择题

好行者，将身一纵，踏云光，起在空中，睁眼观看，远见一座城池，又近觑，倒也祥光隐隐，不见甚么凶气纷纷。行者暗自沉吟道："好去处！如何有响声振耳？……那城中又无旌旗闪灼，戈戟光明，又不是炮声响振，何以若人马喧哗？"选文中的城池是哪个国家？（　　）

A. 车迟国　　B. 女儿国　　C. 宝象国

二、简答题

请你从猪八戒、孙悟空、沙和尚三个人物中任选一个，模仿示例，运用书中情节进行评价。

示例：唐三藏带领徒弟，历尽千辛万苦，经过八十一难，始终不改初心，最终取回了真经，何谓懦夫！

三、阅读理解

那怪一闻此言，丢了钉耙，唱个大喏道："那取经人在哪里？累烦你引见引见。"行者道："你要见他怎的？"那怪道："我本是观音菩萨劝善，受了他的戒行，这里持斋把素，教我跟随那取经人往西天拜佛求经，将功折罪，还得正果……今日既是人与他做了徒弟，何不早说取经之事……"

1. 选文中"那怪"指：____________，请写出以他为主角的一个故事名称：____________。

2. "三打白骨精"是《西游记》中的一个著名故事，请你简述一下这个故事。

红孩儿人小鬼大

红孩儿：我可不是一般小孩子，别瞧不起我！

白龙马：吓得我直哆嗦。

唐僧：人家明明只是个孩子，怎么能是妖怪？

孙悟空：你们到底信不信我？

白龙马：我信你！

红孩儿：让你们笑话我！

猪八戒：要不然咱吃散伙饭吧？

沙僧：咱们不能半途而废啊！

《西游记》悬疑

※取经团队为啥闹起了意见？怎么还要散伙？

释疑故事

唐僧师徒看到一个小孩被吊在树上，唐僧执意要救他，这个小孩被救下来后还让孙悟空背着他走。他故意捉弄孙悟空，并乘机吹起旋风抓了唐僧，带着他回到枯松涧火云洞。这个小孩就是红孩儿，擅长三昧真火，牛魔王特地派他镇守号山。孙悟空请四海龙王降雨浇灭三昧真火，但降雨反而让火势更大。八戒自告奋勇去找观音菩萨帮忙，不料却被红孩儿变的假观音带往火云洞吊了起来。之后孙悟空变成牛魔王被请到火云洞，红孩儿用生辰八字难倒了“假父王”，孙悟空败走，只能前往南海请观音菩萨，最后观音菩萨用五彩宝莲台和金箍降伏了红孩儿。

刨根问底

满堂红——旧时灯的一种。多作四角、六角、八角等形，外蒙彩绢或玻璃，悬挂在厅堂上。现常形容全面获得好成绩或到处兴旺。

火尖枪——因其枪尖的利刃和火焰相似，刃头有三个尖端，也称火焰三尖枪。

引申词释义

不识抬举——识：认识，理解；抬举：赞扬，器重。不理解或不珍视别人对他的优待或礼遇。

大显神通——神通：原为佛家语，指无所不能的力量，后指特别高超的本领。形容充分显示出高明的本领。

说文解字

取经要知道：龙游浅水遭虾戏，虎落平阳被犬欺——比喻强者失势，会受小人的凌辱。《西游记》第二十八回中记载了“龙游浅水遭虾戏，虎落平阳被犬欺。纵然好事多磨障，谁像唐僧西向时？”

细挖《西游记》

据说大鹏雕每日要食五百条龙，可是小白龙却丝毫不惧怕他。其实金翅大鹏雕既吃不到五百条龙，也吃不下五百条龙。“西游”世界中龙族规模并不大，东海龙宫更没有多少龙，老龙王的部下以虾兵蟹将居多。原著中金翅大鹏雕的本体虽是一只大鹏鸟，但身体并没有那么大，不可能一日吃下五百条龙的，原著中也并未具体描写金翅大鹏雕吃龙，只是借小妖小钻风之口，提到他曾吞噬了整个狮驼国。

西游趣谈

唐僧

告诉你们多少次了！不要欺负小孩子！尊老爱幼不懂吗？

红孩儿

我就是个贪玩的宝宝。

观音菩萨

你敢冒充我？

孙悟空

让我去收拾这个不听话的孩子！

牛魔王

老弟，手下留情啊！他可是你侄子！

铁扇公主

来！乖！宝贝，快回来吃饭。

观音菩萨

必须跟我走！

《西游记》另类悬疑

※铁扇公主的芭蕉扇和太上老君的芭蕉扇不是同一把，但都是昆仑山下天地所产的芭蕉神叶变化而成。

大语文拓展

1.人物鉴赏

蛟魔王、鹏魔王、狮驼王、猕猴王、禺狨（yù róng）王

这几位是孙悟空在花果山为王时的五个结拜兄弟，还有一个是牛魔王。当时算上孙悟空一共七个人。只可惜在后面的故事里，除了牛魔王，其他的都没有再交代，因此实力也不得而知，不过看这些名字感觉实力都很强。

2.《西游记》冷知识

哪吒有一样法宝是绣球，其威力无穷，绣球丢起，山崩海裂。

3.歇后语

孙悟空七十二变——花样多

龙王爷出海——兴风作浪

4.冷知识探真

孙悟空觉得面子很重要，所以听说蟠桃大会没有请他，便火冒三丈，决定大闹蟠桃盛会。

过关题典

一、选择题

老鼋（yuán）送唐僧师徒渡过通天河后提出了一个什么请求？（　　）

A. 请唐僧问问佛祖他还有多长寿命。

B. 请唐僧问问佛祖他还要在通天河住多长时间。

C. 请唐僧问问佛祖他几时得脱本壳，可得一个人身。

二、简答题

《西游记》中的孙悟空曾经几次返回花果山？请简要叙述经过。

三、连线题

细品古典名著之目录，请将书名和相关内容依次连线。

《红楼梦》	万寿山大仙留故友	探宝钗黛玉半含酸
《三国演义》	赤发鬼醉卧灵官殿	博望坡军师初用兵
《水浒传》	比通灵金莺微露意	五庄观行者窃人参
《西游记》	荆州城公子三求计	晁天王认义东溪村

以假乱真真闹腾

六耳猕猴

我就要挑战你！

唐僧

你个毛猴子又惹事。

玉皇大帝

你们到底信不信我？

孙悟空

我就要个真相！

六耳猕猴

我只怕如来佛祖。

孙悟空

气死俺老孙了！

唐僧

乖徒弟，师傅错怪你了。

《西游记》悬疑

※六耳猕猴野心很大，他想取代孙悟空前往大雷音寺取经，以修成正果，成为斗战圣佛。他假扮孙悟空，成功迷惑了唐僧吗？

释疑故事

唐僧因孙悟空打死一帮强盗而将其赶走，猪八戒和沙悟净又被唐僧派去化斋和找水，只留唐僧一人在路边等待。这时六耳猕猴出现，并将唐僧打晕，乘机抢走了通关牒文。孙悟空被冤枉后，仍忠心不改，得知师傅的遭遇后便立即去花果山找假的孙悟空。但六耳猕猴自恃有一身通天的本领，一而再、再而三地与孙悟空展开了一场恶斗，两个猴子都使出了看家本领和浑身的解数，一直打上了凌霄宝殿，玉皇大帝召李靖用照妖镜去照，也没照出真假。就这样，真假美猴王一直打到灵山，要让如来佛祖辨个真伪。在佛法无边的如来佛祖面前，六耳猕猴最终原形毕露，并被孙悟空一棒打死。

刨根问底

七星剑——有两把，原为太上老君炼制的宝剑。金角、银角大王盗取法宝七星剑下界，占山阻止唐僧师徒西行。

狼牙棒——古兵器之一。木棒头部如枣核状，植铁钉于其上，形似狼牙，故得名狼牙棒。

引申词释义

调虎离山——设法使老虎离开原来的山冈。比喻用计使对方离开原来的地方，以便乘机行事。

鹅行鸭步——步：走。走路像鹅和鸭子一样。形容行动迟缓。

说文解字

取经要知道：上门的买卖好做——比喻对方找上门来的事情，自己较有把握。《西游记》第二十八回中记载了“常言道：‘上门的买卖好做。’且等慢慢的捉他。”

请将不如激将——用话语刺激别人去干事要比正面请他去干事效果更好。《西游记》第三十一回中记载了“八戒又思量道：‘请将不如激将，等我激他一激。’”

细挖《西游记》

在《西游记》中，孙悟空为了制药向白龙马寻求马尿为药引，可是白龙马却十分为难，并说“我若过水撒尿，水中游鱼，食之成龙”。连排泄物都可以让游鱼成龙，可以看出小白龙与普通龙族的区别。

西游趣谈

黄眉童子

我有法宝，你们有吗？

唐僧

我有三个好徒弟，得意！

罗刹女公主

女流怎与男儿斗？

唐僧

男孩子不能欺负女孩子。

猪八戒

怎能有两个猴哥？

孙悟空

谁敢冒充我？

六耳猕猴

我才是真大圣！你们都给我看清楚了！

《西游记》另类悬疑

※黄眉童子随身三件法宝：一副金铙、一个人种袋和一根狼牙棒。金铙和人种袋是东来佛祖的宝贝，狼牙棒是敲磬击钟的一个木槌。

大语文拓展

1.人物鉴赏

寅将军、熊山君、特处士

这三位是唐僧刚出长安没多远碰上的第一拨妖怪。当时唐僧还带了俩随从，但都被这三个妖怪吃了，估计也是吃饱了，他们就暂时没吃唐僧，然后唐僧就被太白金星救了。可见，这三个只是跑龙套的小妖怪。

2.《西游记》冷知识

猪八戒的兵器九尺钉耙是龙探爪形状，不是耙地的耙子形状，最开始是太上老君造出来给玉帝作为镇殿之宝的，后来玉帝又给了猪八戒，九尺钉耙十分精美。

3.歇后语

孙悟空住在水帘洞——称王称霸

猴儿耍大刀——胡砍

4.冷知识探真

玉皇大帝管着天宫里的所有神仙。

过关题典

一、简答题

简要概括三借芭蕉扇故事的主要内容。

二、阅读理解

下面的段落节选自《西游记》，读后请回答下列问题。

裙钗本是修成怪，为子怀仇恨泼猴。行者虽然生狠怒，因师路阻让娥流……罗刹无知抡剑砍，猴王有意说亲由。女流怎与男儿斗，到底男刚压女流。这个金箍铁棒多凶猛，那个霜刃青锋甚紧稠。劈面打，照头丢，恨苦相持不罢休。

1. “裙钗”指的是谁?

2. 她因何“为子怀仇恨泼猴”？

3. 猴王又为什么要“有意说亲由”？

三、下列对名著《西游记》评述有错误的一项是（　）

A. 孙悟空的第一个师傅是菩提老祖，孙悟空从菩提祖师处学到七十二变、筋斗云等神通。

B. 孙悟空在大闹天宫后被如来佛祖压在五行山下，后给唐僧做了大徒弟，唐僧为他取名孙悟空。

C.《西游记》的作者运用了浪漫主义手法描绘了一个奇妙的神话世界，花果山水帘洞洞口的对联是：花果山福地，水帘洞洞天。

D. 铁扇公主不借扇给孙悟空的主要原因是孙悟空请来了南海观音收服了她的儿子红孩儿，他们之间因此而结仇。

大王派我来巡山

孙悟空：自由飞翔真快乐！

太白金星：给你个小官。

天庭仙人：大圣你被提拔了啊！

太白金星：祝贺大圣高升啊！

孙悟空：换了个办公室，我先吃个桃子。

玉皇大帝：太白金星，你这事儿办得好！安抚住了毛猴子！

太白金星：你就算计不过我，毛猴子！

《西游记》悬疑

※天神也骗人？天庭办事方法真特别，太白金星净出馊主意？

释疑故事

孙悟空发现弼马温是天界最小的官，一气之下，打出御马监，一路杀回了花果山，自封“齐天大圣”。玉皇大帝知道后命令天兵天将捉拿孙悟空，但大战几回合后都败给了孙悟空，只能回去向玉皇大帝复命。这时，太白金星又出了个主意，不如就封他为“齐天大圣”，将他留在天上管理蟠桃园。玉皇大帝准了太白金星的提议，并命人在蟠桃园附近为他修了一座齐天大圣府，希望这猴儿能“安心定志，再无胡为”，孙悟空果然很满意，在府内吃喝玩乐，好不自在。

刨根问底

如意钩——别名如意金钩子、如意钩子，是如意真仙的兵器。

狻猊（suān ní）——中国古代神话传说中的神兽，是龙之九子中的第五子。其形如狮子，喜静不喜动，好坐，其形象常被用来装饰香炉脚部。

引申词释义

饿虎扑食——像饥饿的老虎扑向食物一样。比喻动作迅速而猛烈。

怪诞不经——怪诞：离奇古怪；不经：不合常理。指言语奇怪荒唐，不合常理。

说文解字

取经要知道：一日为师，终身为父——哪怕只教过自己一天的老师，也要一辈子当作父亲看待。比喻对待老师要像对待父亲一样敬重。《西游记》第三十一回中记载了“万望哥哥念‘一日为师，终身为父’之情，千万救他一救！”

不受苦中苦，难为人上人——谓人不经过艰苦磨炼，就不能出人头地。《西游记》第三十二回中记载了“但只是‘扫除心上垢，洗净耳边尘。不受苦中苦，难为人上人’。”

细挖《西游记》

《西游记》里说的弼马温是御马监正堂管事。按照明朝官制属于正五品。《西游记》虽是神话小说，但涉及人物的官职，都是采用明朝的官制，并非向壁虚构。但明朝管御马的机构，始设于1366年，名为御马司，正五品，掌御厩马匹。

西游趣谈

黑风怪

邻居家着火了，快去救火！

金池长老

我只是喜欢钱！

黑风怪

袈裟！袈裟！你是我的了！

孙悟空

一路上就没让我闲着，真累啊！

二十八宿

奉命前去捉妖！

唐僧

黑风怪其实没有伤害我，只是喜欢我那袈裟罢了。

孙悟空

我先在烟雾里翻几个跟头。

《西游记》另类悬疑

※黑风怪本身是一头黑熊，在没有背景的情况下靠着自己的努力修炼成了黑熊精。黑风怪没有吃唐僧肉的想法，在一片混乱中偷走了唐僧的宝贝袈裟。最后被观音菩萨和孙悟空收服了。

大语文拓展

1.人物鉴赏

黑风怪

孙悟空加入取经队伍后遇到的第一个挑战。黑风怪就是观音院那个贪财的金池长老的邻居，他跟金池长老是好友，看见邻居家失火了便跑来救火，可是看见锦襕袈裟后就改做趁火打劫的贼了。黑风怪的实力还可以，和孙悟空斗了数十回合不分胜负，后来还是孙悟空去南海请了观音菩萨才降伏了他。

2.《西游记》冷知识

观音禅院是整部《西游记》里唯一以神仙的名字直接命名的寺院。

3.歇后语

孙悟空放屁——猴里猴气

猪八戒啃地梨——什么仙人吃什么果

4.冷知识探真

如来佛祖统领西天众佛和菩萨、罗汉。

过关题典

一、综合题

以下是《西游记》的部分回目，请你仔细阅读，回忆相关内容，完成下列题目。

A. 乱蟠桃大圣偷丹，反天宫诸神捉怪

B. 观音赴会问原因，小圣施威降大圣

C. 官封弼马心何足，名注齐天意未宁

D. 八卦炉中逃大圣，五行山下定心猿

1. 这四回的先后顺序是什么？

2.B 项中的小圣是谁？大圣是谁？

二、阅读理解

那沙僧撇下行李，跑进厨房道："哥哥，叫我怎的？"行者放开衣兜道："兄弟，你看这个是甚的东西？"沙僧见了道："是人参果。"行者道："好呵！你倒认得，你曾在那里吃过的？"沙僧道："小弟虽不曾吃，但旧时做卷帘大将，扶侍鸾舆赴蟠桃宴，尝见海外诸仙将此果与王母上寿。见便曾见，却未曾吃。哥哥，可与我些儿尝尝？"行者道："不消讲，兄弟们一家一个。"他三人将三个果各各受用。那八戒食肠大，口又大，一则是听见童子吃时，便觉馋虫拱动，却才见了果子，拿过来，张开口，毂辘的吞咽下肚，却白着眼胡赖，向行者、沙僧道："你两个吃的是甚么？"沙僧道："人参果。"八戒道："甚么味道？"行者道："悟净，不要睬他！你倒先吃了，又来问谁？"八戒道："哥哥，吃的忙了些，不像你们细嚼细咽，尝出些滋味。我也不知有核无核，就吞下去了。哥啊，为人为彻。你已经调动我这馋虫，再去弄个儿来，老猪细细的吃吃。"

1. 本文段节选自《西游记》，作者是____朝的__________（人名）。

2. 选文表现了猪八戒怎样的性格特点？

盘丝洞里真忙活

蜘蛛精

快缠住这师徒四人。

唐僧

这可咋办？

鲇（nián）鱼

其实我是老猪变的。

多目怪

你们欺负我师妹！今天让你们看看我的厉害！

孙悟空

这金光真晃眼！

毗蓝婆菩萨

金针显灵！

蜘蛛精

妈呀！我们完了！

《西游记》悬疑

※盘丝洞的蜘蛛精是怎么抓住唐僧的？是因为他去化斋误入人家的洞府吗？

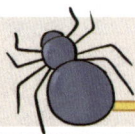

释疑故事

盘丝洞的蜘蛛精把化斋的唐三藏用蜘蛛丝缠了起来。齐天大圣见七女妖去濯（zhuó）垢泉洗澡，于是变成饿鹰，叼走其衣。八戒则变为鲇鱼在女妖们洗澡的池子里乱钻，随后显现出本相，与女妖作战，最后被女妖用丝缠住。齐天大圣砍死了蜘蛛精的干儿子们，救出师傅，蜘蛛精们走脱。取经团队继续西行并来到了黄花观。观主便是蜘蛛精们的师兄多目怪，她们给师兄讲了之前的遭遇，他便想用毒茶加害取经团队，后被齐天大圣揭穿。搏斗中，多目怪胁下千眼齐放霞光，罩住了齐天大圣。齐天大圣找来毗蓝婆菩萨，用金针破霞光，才最终制服了多目怪。

刨根问底

三头六臂——哪吒三太子在《西游记》中使用法术后变化的形象，每只手都能使用一件兵器。

天罡刀——托塔天王的法宝，观世音菩萨在收服红孩儿时，特地向托塔天王借来这件宝物，将其变成一个莲花宝座，成功降伏红孩儿。

引申词释义

洪福齐天——洪：大。旧时颂扬人福气极大。

花容月貌——如花似月的容貌。形容女子容貌美丽。

说文解字

取经要知道：长他人志气，灭自己威风——抬高对方，助长对方的声势，而低估自己的力量，贬低自己。《西游记》第三十二回中记载了“大王，怎么长他人之志气，灭自己之威风？你夸谁哩？”

救人一命，胜造七级浮屠——救人性命，比修造一座七层宝塔的功德还大。《西游记》第三十三回中记载了“‘救人一命，胜造七级浮屠’。你驮他驮儿便罢了，且讲甚么‘北斗经’‘南斗经’！”

细挖《西游记》

“救驾”在古代是救援皇帝的意思。《西游记》中载：“汝等在此稳坐法堂，休得乱了禅位，待我炼魔救驾去来。”可见如来佛祖闻诏后，不敢耽误立即前去救驾。从言行上看，玉皇大帝的地位是高于如来佛祖的。

闻诏中的“诏”字是告知的意思，多用于上级对下级。先秦时代，上级给下级的文告称“诏”；秦汉以后，“诏”专指皇帝的文书命令。

西游趣谈

东来佛祖
你我也曾师徒一场。

孙悟空
如意佛宝就是您给我的呢！

阎王爷
这个猴子太不像话了！

玉皇大帝
快给我抓住这个毛猴子！

亢金龙
还得我的犄角救你！毛猴子！

孙悟空
多亏我命大！

苍蝇
其实我是老孙！大家别看错了啊！

《西游记》另类悬疑

※除了金箍棒和观音菩萨所赐的三根救命毫毛，孙悟空怀里还藏着个神奇的宝贝——如意佛宝。孙悟空变成苍蝇时要携带紫金红葫芦，用的就是如意佛宝，这个如意佛宝不仅可以轻松装下紫金红葫芦，而且还能随意变大变小。

大语文拓展

1.人物鉴赏

太白金星

太白金星的主要职务是玉皇大帝的特使，负责传达各种命令。孙悟空闯地府、闹龙宫，玉皇大帝决定发兵征讨，太白金星却替悟空说情，建议封孙悟空为管理御马的弼马温。孙悟空二反天宫时，又是太白金星出面为招安使，封孙悟空为齐天大圣，管理蟠桃园。

2.《西游记》冷知识

玉皇大帝的妹妹曾因为私自下凡嫁给了一个凡人，还生下了二郎神而被镇压。

3.歇后语

猪八戒摔耙子——不伺候（猴）

孙悟空回花果山——一个跟头栽到了家

4.冷知识探真

孙悟空擅改生死簿无疑再次触犯了天条，而且犯的是重罪。阎王爷将状告到了天庭，玉皇大帝愤而下旨捉拿孙悟空，以维护天地秩序和天庭威严。

过关题典

一、填空题

阅读《西游记》一段文字，填上适当的内容。

看时，他原来压于石匣之中，口能言，身不能动。菩萨道："姓孙的，你认得我么？"大圣睁开火眼金睛，点着头儿高叫道："我怎么不认得你？你好的是那南海普陀落伽山救苦救难大慈大悲南无观世音菩萨。承看顾！承看顾！我在此度日如年，更无一个相知的来看我一看。你从哪里来也？"菩萨道："我奉佛旨，上东土寻取经人去，从此经过，特留残步看你。"大圣道："如来哄了我，把我压在此山，五百余年了，不能展挣。万望菩萨方便一二，救我老孙一救！"菩萨道："你这厮罪业弥深，救你出来，恐你又生祸害，反为不美。"大圣道："我已知悔了，但愿大慈悲指条门路，情愿修行。"这才是：人心生一念，天地尽皆知。善恶若无报，乾坤必有私。

孙悟空他因______________被如来佛祖压在________下的石匣之中，观音菩萨顺道看望他，他表示"情愿修行"，菩萨为他所指的"门路"是___________。

二、阅读理解

《西游记》中的孙悟空是我们大家非常熟悉的人物形象。请根据你的阅读体会，写出他身上令人赞赏的一种精神，并举例证明。

精神：____

举例：____

____

取得真经完成任务

李世民

终于盼回来了我的御弟，劳苦功高！

唐僧

我可算完成任务了！

孙悟空

累死宝宝了。

猪八戒

能先赏赐一顿大餐吗？

沙僧

这回有快递了，可算不用我自己挑担子了。

白龙马

我也完成任务了，我要去做我喜欢的事了。

如来佛祖

辛苦大家了啊！祝你们前程似锦！

《西游记》悬疑

※李世民派唐僧去西天取经的真实意图是什么？是他们带回来的佛法真经吗？

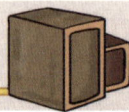

释疑故事

佛祖命二尊者引他们到珍楼用斋，入宝阁选经。不料二尊者却向他们索取“人事”。孙悟空不肯行贿，于是收到了无字经。他们重返灵山告状，佛祖却不责怪二尊者。师徒们只好把紫金钵盂送给尊者，才取得有字真经，并一一受封佛号。回返途中，重遇通天河老鼋。老鼋曾托唐僧向佛祖打听自己的归宿，不想唐僧忘却了此事。老鼋一怒，沉下河去。师徒们挣扎着上了岸，八戒只得用耙捞上经包，在石上晾晒经文，不料不少经页粘在了石上……师徒们终经八十一难，取得真经。

刨根问底

金钢琢——太上老君的法器，是一个白色的圈子，又名金钢圈、金钢套，可以变化，水火不侵，能收取各种法宝和兵器，妙用无穷。
锁子黄金甲——孙悟空为借兵器而进入龙宫，龙王为了讨好他，给了孙悟空一身披挂，这锁子黄金甲便是其中的散件。

引申词释义

花团锦簇——形容五彩缤纷、繁盛艳丽的景象。
祸不单行——指不幸的事接二连三地发生。

说文解字

取经要知道：**移星换斗**——形容法术神妙或手段高超。《西游记》第四十六回记载了“行者道‘兄弟，实不瞒你说，若是踢天弄井，搅海翻江，担山赶月，换斗移星，诸般巧事，我都干得！’”

蜀锦吴绫——蜀锦：四川生产的彩锦；吴绫：绫的一种，最初出于吴郡。泛指各种精美的丝织品。《西游记》第八十二回记载了“微风初动，轻飘飘展开蜀锦吴绫”。

细挖《西游记》

李世民还阳后做的第一件事就是召开水陆大会，挑中的主持正是唐僧，在唐僧主持的时候观音菩萨当众显圣，展示本相，并透露大乘佛法、西游取经事宜，太宗及群臣感恩戴德，于是派遣唐僧西游取经。

泾河龙王被判死刑—唐太宗地府还魂—重回阳间举办水陆法会—水陆法会观音现身布置取经任务，一环扣一环，环环相扣，偶然中又有着必然，观音最终把如来策划的取经活动落实下来，由唐僧执行，路途上又安排悟空、八戒、沙僧接应，整个取经活动的策划非常完美。

西游趣谈

白龙马：我要成金龙啦！

唐僧：总算完成任务了。

李世民：欢迎你们凯旋！

老龙王：你们别忘了我啊！

土地爷：有空找我来玩啊！

观音菩萨：感谢大家一路支持！阿弥陀佛！

猪八戒：我能先去睡一觉吗？

孙悟空：师傅，我还想吃蟠桃。

《西游记》另类悬疑

※西游结束后，唐僧师徒五人（包括白龙马）得封号的场景被称为“五圣果位”。仙门、佛门等众多高手都在现场见证了这一幕，在对唐僧几人封完号后，如来佛祖带领众佛念出了：“南无燃灯上古佛，南无药师琉璃光王佛，南无释迦牟尼佛……南无斗战胜佛，南无观世音菩萨……”

大语文拓展

1.人物鉴赏

白衣秀士、凌虚子

白衣秀士、凌虚子都是黑风怪的朋友，一个是白花蛇怪、一个是苍狼怪。

2.《西游记》冷知识

取经成功后，白龙马被如来佛祖封为八部天龙广力菩萨，然后跑到灵山后边的化龙池，跳了进去。白龙马跳进去后变成一条金龙，浑身布满金黄龙鳞，并长出两条威风凛凛的龙角、飘逸的龙须，还有四只孔武有力的龙爪。

3.歇后语

猪八戒卖凉粉——人丑名堂多

猪八戒三十六变——没有一副好嘴脸

4.冷知识探真

太白金星提出先采取温和措施招揽孙悟空。不懂任何人情世故的孙悟空被安了个弼马温的头衔。半个月后，孙悟空得知弼马温是个很小的官后大怒，并打出南天门。在太白金星的求情下，玉皇大帝又封了孙悟空一个齐天大圣的称号。

过关题典

一、阅读理解

早惊动那把门的一个女怪，将那半扇儿开了，道："你是那里来的？"行者道："我是平顶山莲花洞差来请老奶奶的。"那女怪道："进去。"到了三层门下，闪着头，往里观看，见那正当中高坐着一个老妈妈儿。……孙悟空见了，不敢进去，只在二门外捂着脸，脱脱的哭起来。你道他哭怎的，莫成是怕他？就怕也便不哭，况先哄了他的宝贝，又打杀他的小妖，却为何而哭？他当年曾下九鼎油锅，就炸了七八日也不曾有一点泪儿。只为想起唐僧取经的苦恼，他就泪出痛肠，故此便哭。心却想道："老孙既显手段，变做小妖，来请这老怪，没有个直直的站了说话道理，一定见他磕头才是。我为人做了一场好汉，止拜了三个人：西天拜佛祖；南海拜观音；两界山（即五行山）师父救了我，我拜了他四拜。为他使碎六叶连肝肺，用尽三毛七孔心。一卷经能值几何？今日却教我去拜此怪。若不跪拜，必定走了风讯。苦啊！算来只为师父受困，故使我受辱于人！到此际也没及奈何，撞将进去，朝上跪下道："给奶奶磕头。"……老怪问道："你是那里来的？"行者道："平顶山莲花洞，蒙二位大王有令，差来请奶奶去吃唐僧肉，教带幌金绳，要拿孙行者哩。"老怪大喜道："好孝顺的儿子！"就去叫抬出轿来。

1. 选文中孙悟空说"两界山（即五行山）师父救了我"，请联系选文之前的情节，用简洁的语言说说孙悟空被压两界山的原因。

2. 选文中，一向坚强勇敢的孙悟空却"哭"了，并"跪"在老妖怪面前，这反映了他什么样的性格特点？

二、猜谜题

相声逗乐（打《西游记》一人物）

第三章

过五关，斩六将

黄袍怪改邪归正

黄袍怪
我乃大帅哥！
百花羞
你们师徒快快逃命去吧！
宝象国国王
拜托你们救救我女儿。
孙悟空
我找玉帝老儿帮帮我！
玉皇大帝
快去给我查清楚是谁在作妖？
宫女
其实我是白龙马！
奎木狼
日后我与你们并肩作战！

《西游记》悬疑

※黄袍怪变为一美男子，前往宝象国探望岳丈国王，并把唐僧变为老虎，只为了吃唐僧肉？

释疑故事

唐僧师徒去西天取经，路过碗子山时被黄袍怪抓住，八戒与沙僧不敌黄袍怪，危急之时百花羞放走师徒三人。之后，八戒、沙僧受宝象国国王所托，为营救公主再战黄袍怪。黄袍怪到宝象国佯称自己是驸马，并将唐僧变成猛虎诬其为妖怪。白龙马伪装成宫女刺杀黄袍怪

受伤，八戒寻回孙悟空，打跑了黄袍怪。孙悟空上天界求助。玉皇大帝令四大天师查勘，方知是奎星下凡，遂命二十七宿星员收他上界，罚去给太上老君烧火。后奎木狼官复原职，与孙悟空不计前嫌。

刨根问底

锦襕袈裟——上嵌七宝，水火不侵，可以防身驱祟。

藕丝步云履——孙悟空的靴子，龙宫的宝物，穿上它常人亦可行走如飞、腾云驾雾。

引申词释义

火眼金睛——原指《西游记》中孙悟空能识别妖魔鬼怪的眼睛。后用以形容人的眼光锐利，能够识别真伪。

浑身解数——浑身：全身，指所有的；解：指杂技武术的各种技艺。意指全身本领。

说文解字

取经要知道：三年不上门，当亲也不亲——亲近的人如果长时期不来往也会变得疏远。《西游记》第四十回中记载了“哥呵！常言道‘三年不上门，当亲也不亲’哩。你与他相别五六百年，又不曾往还杯酒，又没有个节礼相邀，它那里与你认甚么亲耶？”

不看僧面看佛面——即使不顾某个人的情面，也要看在他的主子、长辈或亲友等的情面，给予关照。《西游记》第四十二回中记载了“菩萨，你却也多疑。正是不看僧面看佛面，千万救我师父一难罢！”

细挖《西游记》

《西游记》有七大圣：平天大圣牛魔王、覆海大圣蛟魔王、混天大圣鹏魔王、移山大圣狮驼王、通风大圣猕猴王、驱神大圣禺狨王、齐天大圣美猴王。

西游趣谈

孙悟空
一次性吃这么多蟠桃，浑身桃子味。

太上老君
你个猴头居然敢偷吃我的仙丹！

玉皇大帝
我还管不了你了？

二郎神
难道我打不过你个毛猴子？

梅山兄弟
放火烧山！

太上老君
金钢琢！打晕他！

观音菩萨
大家息怒，我来看看这个毛猴子。

天庭仙人
毛猴子真不给我们面子！哼！

《西游记》另类悬疑

※ 在《西游记》中，观音多次来到天庭，包括玉皇大帝在内大家都对观音十分尊敬，并称呼观音为“大士”，可见观音在三界的地位很高。

大语文拓展

1.人物鉴赏

黄风怪

黄风怪是灵山脚下的黄毛貂鼠，因偷吃了琉璃盏内的清油，得道成精。他有一个三昧神风的绝招，能把孙悟空的火眼金睛吹伤。最后黄风怪被灵吉菩萨的飞龙宝杖降伏了。

2.《西游记》冷知识

当初观音菩萨点化白龙马时，拿走了三太子身上一颗珠子，其实那是龙丹，没有龙丹的龙也就算不上龙了，因此西天取经途中白龙马不能变成龙身，这也是防止白龙马中途变卦的方法之一。

3.歇后语

孙悟空三打白骨精——降妖拿怪

猪八戒的嘴巴——贪吃贪喝，饱吃饱喝

4.冷知识探真

孙悟空洗劫了整座蟠桃园，又闯入太上老君兜率宫，吞下金丹。玉皇大帝命令十万天兵前去捉拿他。天庭众仙家全都落败，二郎神杨戬（jiǎn）力战孙悟空，双方不分胜负。梅山兄弟放火烧山，孙悟空一时分了神，被太上老君的金钢琢砸倒，最终被拿住了。

过关题典

一、填空题

在《西游记》中三打白骨精是最经典的情节之一，故事主要讲述了白骨精为达到目的不择手段，一变村姑施美人计，二变______________，三变______________，可谓是一计生一计。孙悟空“三打”时“一打”“二打”直截了当，“三打”则迂回曲折，反映了孙悟空____________、____________的性格特点。

二、综合题

电影导演要翻拍古典名著《西游记》的消息传开后，引起了社会各界广泛关注。“怎样把文化共享做得更好？我希望《西游记》能成为一扇门。”导演说。新版《西游记》主角师徒四人都将起用新人或“半旧不新”的演员，而新人则通过选秀选出。全国刮起了一场“西游风”，各种媒体俱谈《西游记》，你也参与一下吧。

1.“西游选秀”的焦点主要集中在孙悟空这一角色上，这是原著中最经典的人物之一，请选出与该人物有联系的内容。（多项）（　　　）

A. 车迟国斗法

B. 醉酒戏嫦娥

C. 法号三藏

D. 憨厚单纯，爱占便宜

E. 七十二变化

F. 金身罗汉

G. 中国人心目中充满积极浪漫主义精神的英雄

2.《西游记》问世后，被改编成戏曲、电视剧、电影、连环画等多种艺术形式。就你的了解，你认为《西游记》如此经久不衰、受人喜欢的原因是什么？至少谈两点。

八戒是个待命好队员

观音菩萨

辛苦天蓬元帅在此等候取经团队。

猪八戒

遵命，我可以先去玩一会儿吗？

高老太爷

这个上门女婿干体力活是把好手。

高翠兰

我们以后就是恩爱小夫妻了。

孙悟空

让我老孙先逗逗你。

猪八戒

我是在此领任务的，谁跟你们瞎玩？

唐僧

那你做我的二徒弟吧，你看叫猪八戒如何？

猪八戒

跟着师傅走起！

《西游记》悬疑

※猪八戒到底是不是坏蛋？其实他是在高老庄等候唐僧的好徒弟。

释疑故事

高家来了猪刚鬣（liè），要入赘来做上门女婿。高老太爷应承下来。婚后饭桌上新郎官酒过三巡显现出了猪的模样，一家人大惊失色，三小姐想逃却被猪妖怪锁进了小院，扬言谁要接近就要谁的命。孙悟空和唐僧决定帮忙除妖。夜里，孙悟空和老太爷来到关押三小姐的小院，碰巧猪妖不在，孙悟空让老太爷带走小姐，自己则变身为三小姐等待猪妖回来。猪妖进门后，被变身为小姐的孙悟空套出了身世，还被大大地戏弄了一番。

刨根问底

紫金红葫芦、羊脂玉净瓶——盛丹的紫金红葫芦、盛水的羊脂玉净瓶威力极大，只要叫一个人的名字，若其应了，就会被装进里面，随即再贴上“太上老君急急如律令奉敕”的帖儿，被装进去的人就会化为脓水。

引申词释义

家长里短——指家庭日常生活琐事。
架海金梁——梁：桥梁。架在海上的金桥。比喻能够身肩重任的栋梁之才。

说文解字

取经要知道：强龙不压地头蛇——比喻虽为强大者，但也压不住盘踞在当地的势力。《西游记》第四十五回中记载了“也罢，这正是‘强龙不压地头蛇’。”

鸡儿不吃无工之食——比喻人不能无缘无故接受优待或赠予。《西游记》第四十七回中记载了“常言道：‘鸡儿不吃无工之食。’你我进门，感承盛斋，你还嚷吃不饱哩！怎么就不与人家救些患难？”

细挖《西游记》

太上老君将猴子放进炼丹炉内起火开烧，结果烧了七七四十九天后打开炉盖，发现猴子竟然精神抖擞地跳了出来。

西游趣谈

孙悟空

看来我得招聘个师弟来干活了。

猪八戒

其实我想在高老庄当个快乐的农夫。

高翠兰

你走了，我可怎么办？

唐僧

徒儿，不能儿女情长。

孙悟空

大热天的，先吃根冰棍。

观音菩萨

你们有大事要做，千万别耽误了。

《西游记》另类悬疑

※观音不是佛。关于观音的身份为何是菩萨而不是佛，民间有两种说法，第一种是观音在前往受封为佛的路上，看到一只老虎正准备吃人，观音经过纠结后选择下去救人，因此错过了封佛的机会；另一种说法是观音为了更好地接触人间界，救助更多的人，主动放弃了佛的身份。

大语文拓展

1.人物鉴赏

白骨精

白骨精，《西游记》里最出名的妖怪之一。她凶残狠毒，诡计多端，变化无定，擅长用美丽的外貌及动听的语言迷惑人。但和孙悟空比，战斗力很弱。她之所以出名，是因为她是第一个提出“吃了唐僧肉可得长生”这个说法的妖怪，且她使计让唐僧赶走了孙悟空。

2.《西游记》冷知识

《西游记》中实际上并没出现“白骨精”这样的称呼，而是在她被孙悟空打倒、化为原形后，后背上刻着“白骨夫人”四个字，因此得名。

3.歇后语

沙僧读书——竟是识字的

孙悟空变山神庙——露了尾巴

4.冷知识探真

在斩妖台上，已经炼就金刚之躯的孙悟空根本不怕天庭的砍头、火烧、雷劈等刑罚。

过关题典

一、简答题

却说那师父驾着白鼋，那消一日，行过了八百里通天河界，干手干脚的登岸。三藏上岸，合手称谢道："老鼋累你，无物可赠，待我取经回谢你罢。"老鼋道："不劳师父赐谢。我闻得西天佛祖无灭无生，能知过去未来之事。我在此间，整修行了一千三百余年；虽然延寿身轻，会说人语，只是难脱本壳。万望老师父到西天与我问佛祖一声，看我几时得脱本壳，可得一个人身。"三藏响允道："我问，我问。"那老鼋才淬水中去了。

上文描写的是唐僧前往西天路上的一段经历。后来，取经归途中他们重逢，老鼋驮着唐僧一行快到通天河东岸时发生了什么事情？为什么？请你简要概述。

二、填空题

李天王率天兵天将杀至花果山，历数了孙悟空的数条罪状后，孙悟空答："实有！实有！"这又给孙大圣的形象抹上一笔亮丽的色彩，那就是____________。

三、补全歇后语

(   )照镜子——里外不是人

(   )见高小姐——改换了头面

(   )钻进铁扇公主肚里——心腹之患

猴子不喜欢当马夫

孙悟空
你个玉帝老儿，快给我让座！

玉皇大帝
快给我拿下这个没规矩的毛猴子！

阎王爷
我那阎王殿都被这个毛猴子搞乱了。

宫马
新换了领导，咱们的伙食明显改善了。

太白金星
毛猴子，别瞎跑了，这些马还等着你管呢。

孙悟空
一个破马夫，我可不稀罕！

太白金星
弼马温好歹也是个仙官呢！

众仙
大圣，以后咱都是同僚了。

《西游记》悬疑

※孙悟空敢直接让玉皇大帝把自己的位置让出来，为何最后只做了一个弼马温这样的芝麻小官？

释疑故事

猴王拜师学艺归来后改名孙悟空。之后孙悟空抢夺了龙宫的定海神针，还大闹阎王殿。于是龙王和阎王先后去找玉帝告状。玉帝正打算派天兵天将去擒拿孙悟空时，太白金星建议玉帝招抚猴王，请他上天做官。玉帝为了安抚其心，准孙悟空列入仙班，并给他安排了一个无品级的芝麻小官弼马温，负责饲养天庭宫马。当孙悟空明白了自己只不过是个马夫后大怒，并回到花果山，扯起大旗，自称“齐天大圣”。

刨根问底

避火罩——用石棉纤维纺织而成的布，具有不燃性，在火中能去污垢，早期史书中常称之为“火浣布”或“火烷布”。

防火衣——传说中的一种不怕火烧的衣服，如果衣服上染上了污渍，把它放在火里一烧，它就会像在水里清洗过一样干净。现在人们普遍认为其就是火浣布制成的。

引申词释义

金碧辉煌——形容建筑物装饰华丽，光彩夺目。

叫苦连天——形容苦恼至极而诉苦不已。

说文解字

取经要知道：只知其一，不知其二——形容了解的情况不全面。《西游记》第四十七回中记载了“哥哥，你只知其一，不知其二。如今路多险峻，我挑着重担，着实难走，须要寻个去处，好眠一觉，养养精神，明日方好捱担；不然，却不累倒我也？”

得胜的猫儿欢似虎——形容因胜利而得意忘形。《西游记》第六十一回中记载了“这大圣果然欢喜。古人云：‘得胜的猫儿欢似虎’也，只倚着强能，更不察来人的意思。”

细挖《西游记》

唐僧曾在取经途中病倒了，在病一直不见好的情况下给李世民写了一封信，信中说自己可能没有办法完成取经大业了。

西游趣谈

九尾狐狸

我的两个干儿子那是顶呱呱的优秀！

金角大王

二弟，咱俩好久没练练手了，打一架去！

银角大王

大哥，我跟着你，咱们揍一顿孙猴子吧！

红孩儿

别看我是小孩子，我让你们尝尝我的厉害。

孙悟空

你们都别吹牛了行吗？你孙爷爷面前有你们说话的份儿吗？

老鼠精

我可是有靠山的，我是托塔天王的亲戚，你们别小瞧我了！

《西游记》另类悬疑

※老鼠精的外号：半截观音、地涌夫人。

大语文拓展

1.人物鉴赏

九尾狐狸

九尾狐狸，金角、银角大王的母亲，她被孙悟空半路秒杀，并被抢了幌金绳。金角、银角能把幌金绳交给她保管，可见她的实力应该非同一般。至于被猴子秒杀，完全是因为猝不及防，所以这位九尾狐狸的真实实力也没法验证了。

2.《西游记》冷知识

红孩儿和哪吒的关系：红孩儿长得和哪吒差不多，都是一副小孩子面孔，哪吒因为是莲花化身，所以身上一般会有莲花装饰。观音在和孙悟空一起去收服红孩儿前，曾特意让自己的弟子木吒上天去借托塔李天王的天罡刀，而天罡刀是由哪吒负责保管的。

3.歇后语

孙猴子的脸——说变就变
孙悟空龙宫借宝——有借无还

4.冷知识探真

西天取经途中，孙悟空降伏的妖怪很多都是天庭仙家故意放出的童子、坐骑，为的就是让他们师徒四人经历九九八十一难，可以说这些妖怪都是有背景、有靠山的妖怪，因此这些妖怪最后也都被各路仙家领走了。

过关题典

一、选择题

在《西游记》中的“真假美猴王”故事中，假孙悟空是什么猴子变的？（　）

A. 金丝猴　　B. 石猴　　C. 六耳猕猴

二、阅读理解

阅读《西游记》中的一个片段，回答下列问题。

那怪闻言，呵呵冷笑道：“你这个泼物！昨夜那火就是你放的！你在那方丈屋上行凶招风，是我把一件袈裟拿来了，你待怎么！你是那里来的？姓甚名谁？有多大手段，敢那等海口浪言！”行者道：“是你也认不得你老外公哩！你老外公乃大唐上国驾前御弟三藏法师之徒弟，姓孙，名悟空行者。若问老孙的手段，说出来，教你魂飞魄散，死在眼前！”

1. 文中的妖怪的名字叫什么？

2. 孙悟空后来是如何从妖怪那里拿到袈裟的？

美猴王的前半生

石猴

我从哪里来？

菩提祖师

跟我学艺，你可要守规矩！

松树

其实我是毛猴子变的。

菩提祖师

不听话就打屁股！

孙悟空

那我还是回我的花果山去吧！

花果山小猴子

大王回来啦！没人敢欺负我们了。

《西游记》悬疑

※孙悟空到底从哪里来、到哪里去？他知道自己的使命吗？

释疑故事

石猴为找寻长生不老的方法，赴西牛贺洲灵台方寸山，拜斜月三星洞菩提祖师为师，并得名孙悟空。他跟着菩提祖师学到了七十二般变化和筋斗云等。后因孙悟空在人前卖弄本领，被菩提祖师逐出山门。于是孙悟空又回到了花果山，并与占山的混世魔王发生了激战，最终取胜，带回了被掳的众猴与物品。

刨根问底

紫金钵盂——唐太宗李世民钦赐给御弟三藏法师路上化缘与饮水用的。唐僧后来将紫金钵盂送给阿傩并许诺“奏上唐王,定相厚谢”,这才换来了有字的真经。

老鼠精招待唐僧的素宴——老鼠精把唐僧捉到洞府里后，准备素宴的食材有白煮萝卜、茄子冬瓜，做法有白煮、糖拌、醋熘等。

引申词释义

劳师动众——劳：疲劳，辛苦；师、众：军队；动：出动，动员。原指出动大批军队，现指动用很多人力或小题大做。

狼心狗行——心肠似狼，行为如狗。比喻贪婪凶狠，卑鄙无耻。

说文解字

取经要知道：好死不如恶活——活着再难受，也比死去好。《西游记》第六十三回中记载了“龙婆道：‘好死不如恶活。但留我命，凭你教做甚么。’”

放了屁儿，却使手掩——比喻事后再做无济于事的补救。《西游记》第七十二回中记载了“上门的买卖，倒不好做！‘放了屁儿，却使手掩。’你往那里去？”

细挖《西游记》

孙悟空扛不住阴阳二气瓶的火，为什么炼丹炉里的火没有将其烧死呢？这是因为孙悟空躲在“巽宫”位下，那里没有火只有风，当然烧不死他了。

西游趣谈

陈光蕊

我是状元郎，可惜冤死了。

刘洪

你老婆归我了！

唐僧

我长大了才知道自己的身世。

李世民

御弟，以后你就负责大慈恩寺吧。

大慈恩寺

欢迎新住持！

唐僧

我心里很不是滋味。

唐僧母亲

儿啊！全靠你了！

《西游记》另类悬疑

※刘洪冒充陈光蕊赴江州做了刺史长达十八年，没被任何人发现或者揭发，直到唐僧长大成人，才带着母亲的信件找到外公，这才将刘洪绳之以法。

大语文拓展

1.人物鉴赏

毗蓝婆菩萨

毗蓝婆菩萨住在紫云山的千花洞，是二十八星宿之中昴日星官的母亲。唐僧曾被蜈蚣精百眼魔君捉住，中了枣子茶的毒，孙悟空与蜈蚣精缠斗，蜈蚣精又放出金光，悟空难以取胜，幸亏黎山老母化作烧纸妇人指点悟空去紫云山千花洞寻求毗蓝婆菩萨的帮助。毗蓝婆菩萨将在她儿子昴日星官的眼睛中炼成的一根绣花针抛向天空，破了百眼魔君的金光，之后妖精现出蜈蚣原身。

2.《西游记》冷知识

无底洞老鼠精尊李天王为父、哪吒为兄。在孙悟空和太白金星一起去问责李天王时，李天王绝口否认自己和老鼠精的关系。

3.歇后语

猴子照镜子——得意忘形

猪八戒背媳妇——心甘情愿

4.冷知识探真

金箍棒原名为**灵阳棒**，乃大禹向太上老君借的一支能够丈量海水深浅的铁棍。大禹治水后，灵阳棒被留在了东海龙宫，金箍棒又叫“天河定底神珍铁”。

过关题典

一、选出对《西游记》中的相关内容表述错误的一项（　　）

A. 孙悟空在龙宫索得金箍棒和一身披挂，惹恼了龙王四兄弟，被告到天庭。玉皇大帝派太白金星下界招安，封孙悟空为“弼马温”。

B. 孙悟空得知“弼马温”真相，气愤至极，打伤太白金星，回到花果山。玉皇大帝派哪吒和二郎神下界擒拿，孙悟空打败天兵天将，直到玉皇大帝封他做“齐天大圣”才暂时作罢。

C. 猪悟能被高太公招为上门女婿，虽然他勤劳能干，不伤害百姓，但因相貌丑陋、食量惊人，又经常飞沙走石、来去无影，所以被众人当成妖怪。

D. 朱紫国的王后被妖怪赛太岁掳去，妖怪的三个金铃无比厉害，让孙悟空费尽周折。最后还是观音菩萨出面带走了妖怪，孙悟空也救回了王后。

二、简答题

《西游记》中的孙悟空有许多奇特的经历。请从下列提示中任选一个，简述其相关故事情节。

1. 发现“水帘洞”

2. 获取“金箍棒”

3. 炼就“火眼金睛”

三．猜谜题

童星（打《西游记》一人物）

第四章 难于上青天

不用温度计也能知道有多热

孙悟空
这就是传说中的火焰山？烤个鸡蛋立马熟！

唐僧
好热啊！有冰镇矿泉水吗？

铁扇公主
热死你们！

牛魔王
敢冒充我？

芭蕉扇
你们不要因为我打架好吗？

孙悟空
火焰山你难不倒俺老孙！

唐僧
高温难耐，大家快喝绿豆汤。

《西游记》悬疑

※火焰山到底有多热？孙悟空就不怕被热晕了？

释疑故事

铁扇公主的芭蕉扇可以熄灭火焰山的火，孙悟空曾先后三次向铁扇公主借芭蕉扇。第一次借芭蕉扇的时候，铁扇公主用扇子扇飞了孙悟空，之后孙悟空钻进了铁扇公主的肚子里，铁扇公主肚子疼得不行，只好给了孙悟空一把假扇子。第二次孙悟空变成了牛魔王，假装恩爱骗走了铁扇公主的真扇子，但是在返回的途中遇到了牛魔王变成的猪八戒，扇子又被骗走。第三次去借扇子，孙悟空大战牛魔王，并最终将其击败，铁扇公主为了自己老公，将真扇子借给了孙悟空。

刨根问底

照妖镜——宝镜，能照出妖魔的原形。它照的对象是具有魔法的妖魔，经过伪装后仅凭肉眼无法辨别，但在照妖镜的魔力下一照，就只能原形毕露。现代用于比喻能识别坏人的依据和方法。

玉净瓶——法宝名称，观音菩萨和太上老君都持有玉净瓶。观音菩萨的玉净瓶曾救活人参果树，而太上老君的羊脂玉净瓶被两个童子带下界给唐僧师徒制造了一系列磨难。

引申词释义

冒名顶替——为了达到自己的某种目的，假冒别人的姓名，代他去干事或窃取他的权力、地位。

年深日久——形容时间久远。

说文解字

取经要知道：远来的和尚好看经——现常表述为“外来的和尚好念经”，比喻外来的人较受重视。《西游记》第七十二回中记载了“常言道：‘远来的和尚好看经。’妹妹们！不可怠慢，快办斋来。”

好事不出门，恶事传千里——好事情不容易传扬，坏事情却往往传得很快。《西游记》第七十三回中记载了“行者道：‘正是好事不出门，恶事传千里。像我如今皈正佛门，你就不晓得了！’”

细挖《西游记》

唐僧念动紧箍咒时，孙悟空会头痛欲裂，疼得满地打滚，这紧箍咒翻译成汉语只有6个字：唵、嘛、呢、叭、咪、吽。

《西游记》中唐僧一共念过十次紧箍咒：

第一次 ——骗孙悟空戴上后，为了试验效果，念了一次。第二次—— 孙悟空要打唐僧，唐僧又念了一次。第三至五次——白骨精变化三次，孙悟空将其打死三次，唐僧也念了三次。第六次 ——在乌鸡国时为了让孙悟空救国王，念了一次。第七次——为了分辨真假唐僧念了一次。第八、九次——在六耳猕猴那一章中孙悟空打死了人，唐僧念了两次。第十次—— 为了分辨真假孙悟空，唐僧最后念了一次。

西游趣谈

白龙马

我只是个工具人，我还不算是唐长老的徒弟。

孙悟空

我是大徒弟，你们别跟我争！

猪八戒

我排老二。

沙僧

我排老三，谁叫咱出现得晚了点呢！

唐僧

你们都是好孩子。

后世人

在我们眼里，你们几位各有千秋！

《西游记》另类悬疑

※白龙马原是西海龙宫的三太子，因发现老婆爱上了别人，一时气急纵火烧了殿上明珠，被龙王告上了天庭，后来被观音安排帮助唐僧取经，虽然白龙马和孙悟空、猪八戒、沙僧都叫唐僧为师傅，但白龙马其实并不属于唐僧的徒弟。

大语文拓展

1.人物鉴赏

牛魔王

牛魔王是铁扇公主的丈夫、红孩儿的父亲。孙悟空自称“齐天大圣”。牛魔王则自号“平天大圣”，为七大圣之首。牛魔王是《西游记》中为数不多可以不靠法宝，与孙悟空武力匹敌的角色。

2.《西游记》冷知识

红孩儿和老鼠精有着惊人相似点。第一，红孩儿在欺骗唐僧的时候，自己把自己绑起来以寻求唐僧的同情；老鼠精在欺骗唐僧时，也是用这种方式来博得唐僧的同情。第二，红孩儿300年前在火焰山得道；而哪吒也说老鼠精是于300年前得道的。

3.歇后语

孙悟空戴上紧箍——有法无用

孙悟空手里的金箍棒——随心所欲

4.冷知识探真

当猪八戒把自己手里的人参果吃了之后，还想吃孙悟空和沙僧的人参果。在唐僧师徒四人中，猪八戒是最会揣着明白装糊涂的。

过关题典

一、简答题

“金蝉脱壳”是三十六计之一，比喻用计逃脱使对方不能及时发觉。《西游记》中一妖怪在与孙悟空、猪八戒打斗时就使用了这一计谋。你能简要地把这个故事写出来吗?

二、请阅读《西游记》原著中的下列章节，回答问题

第七回 八卦炉中逃大圣 五行山下定心猿

第十五回 蛇盘山诸神暗佑 鹰愁涧意马收缰

第四十一回 心猿遭火败 木母被魔擒

第五十三回 禅主吞餐怀鬼孕 黄婆运水解邪胎

第五十九回 唐三藏路阻火焰山 孙行者一调芭蕉扇

1. 上面的标题中，包含着取经队伍五个成员，请在下表中补写出对应的名称。

心猿	
意马	
木母	
禅主	唐三藏
黄婆	

2. 上面的章回中，第______回中，猪八戒救了孙悟空的命，第______回中的如意真仙是第______回中的红孩儿的叔叔，第______回中孙悟空的行为造成了第______回中取经队伍的困难。

天上地上都不放过你

玉兔精

我出去玩会儿啊！

孙悟空

一看你就是个妖怪。

天竺国公主

我是堂堂大公主，却被如此欺负。

太阴星君

你们别害怕，我来了。

唐僧

快来救我啊！我可不想结婚。

嫦娥

快给我回去好好捣药去。

中医

捣药杵可是我们的宝贝，放在药房，不许乱扔！

《西游记》悬疑

※谁能分得清真假公主？孙悟空是来保护唐僧的，不是职业打假人。

释疑故事

玉兔精在广寒宫时被素娥仙子打了一巴掌，从此怀恨在心。素娥下界投生到天竺国皇家，玉兔为报私仇也私自下界，在毛颖山中兴妖作怪。她摄走素娥转世的天竺国公主，自己则假扮成公主。得知唐僧取经要路经天竺国，她就想嫁给唐僧。多亏孙悟空火眼金睛，识破了她，双方打了个平手。之后玉兔精化作清风，逃到南天门，孙悟空穷追猛打，又打回地上，玉兔精只好遁入毛颖山。后来太阴星君和嫦娥仙子赶到，把玉兔精带回了天宫。孙悟空救出了真公主，国王对唐僧师徒感激不尽。

刨根问底

幌金绳——幌金绳本是太上老君的一根勒袍的腰带。其由九尾狐狸保管，后被孙悟空夺去。孙悟空捆绑银角大王失败，反被其用幌金绳绑住，最后由太上老君收回幌金绳。

生死簿——又名“生死册”，是指天地人三书之一，是阴曹地府中管控众生灵寿命的名册，由判官执掌，记载着每个人以及其他生物的阳寿期限与阴寿期限。

引申词释义

情投意合——投：相合。形容双方思想感情融洽，合得来。

七窍生烟——七窍：口和两眼、两耳、两鼻孔。气愤得好像耳目口鼻都要冒出火来，形容气愤到极点。

说文解字

取经要知道：放屁添风——比喻力量虽小，却也有所帮助。《西游记》第七十五回中记载了“俗云：‘放屁添风。’你也可壮我些胆气。”

蛇无头不行，鸟无翅不飞——比喻群众失去首领，就不能有所行动。《西游记》第七十七回中记载了“那城里一个小妖儿也没有了。正是‘蛇无头儿不行，鸟无翅儿不飞’。他见佛祖收了妖王，各自逃生而去。”

细挖《西游记》

取经路上白龙马只出手过一回，当时孙悟空因三打白骨精被唐僧赶回了花果山。在猪八戒和沙僧外出化缘时，唐僧误入波月洞，被黄袍怪抓住，猪八戒、沙僧本打算去救人，结果一个被抓，一个侥幸逃跑，唐僧也被黄袍怪变成了老虎精。眼看取经即将失败，白龙马挺身而出，变成一个宫女刺杀黄袍怪，但仍不敌。无奈之下猪八戒才去请孙悟空回来降妖。

西游趣谈

唐僧

我要过流沙河。

狮猁怪

我变成了唐僧。

黄袍怪

我把唐僧变成了老虎精。

孙悟空

你们随便变，我都能认出你们来。

黑白无常

毛猴子，跟我们走一趟呗。

唐僧

悟空，你可不能走！

《西游记》另类悬疑

※孙悟空命数已尽，在睡梦中被黑白无常给勾了魂。可这位石头中蹦出来的灵猴却不愿接受自己已死的事实，于是大闹阎罗殿。

大语文拓展

1.人物鉴赏

狮猁（lì）怪

狮猁怪先是变作乌鸡国假国王，祸害了乌鸡国多年，最后又变成唐僧，大家分辨不出来，只好让真假唐僧念起了紧箍咒，真是害惨了孙悟空。其实这个狮猁怪是文殊菩萨的坐骑青毛狮子。

2.《西游记》冷知识

有火必有风——红孩儿拐跑唐僧时，起了一阵好大的风；老鼠精夜入寺庙时也刮起了大风。

3.歇后语

孙悟空分人参果——公平合理

孙悟空翻筋斗——十万八千里

4.冷知识探真

唐僧渡流沙河的时候，使用的是观音菩萨给的葫芦外加九枚骷髅头做成的法船。观音菩萨的葫芦与这九枚骷髅头可谓绝配，而这九个骷髅头就是金蝉子的九次转世所留下的。

过关题典

一、列举题

《西游记》里刻画了几个昏庸的国王形象，请列举出其中的三个。

二、选择题

选出对《西游记》中的相关内容表述错误的一项（　　）

A. 孙悟空在龙宫索得金箍棒和一身披挂，惹恼了龙王四兄弟，被告到天庭。玉帝派太白金星下界招安，封悟空为“弼马温”。

B. 悟空得知“弼马温”真相，气愤至极，于是打伤太白金星，回到花果山。玉帝派哪吒和二郎神下界擒拿，悟空打败天兵天将，直到玉帝封他做“齐天大圣”才暂时作罢。

C. 猪悟能被高太公招为上门女婿，虽然他勤快能干，不伤害百姓，但因相貌丑陋、食量惊人，又经常飞沙走石、来去无影，所以被众人当成妖怪。

D. 朱紫国的王后被妖怪赛太岁掳去，妖怪的三个金铃厉害无比，让悟空费尽周折。酣战之际，观音菩萨赶来带走了妖怪，悟空也救回了王后娘娘。

三、简答题

《西游记》中唐僧师徒四人各有优缺点，请你从中挑选一人，写出他的法名并客观说明你对他的看法。

火灾不可轻视

孙悟空

我师傅的袈裟老厉害了！

唐僧

拜托金池长老为我们安排些简单吃食。

金池长老

烧死你们，袈裟就归我了。

广目天王

把我的避火罩拿去用吧！

观音菩萨

黑熊精，快跟我回去！

黑熊精

孙猴子，算你狠！

《西游记》悬疑

※是孙猴子爱显摆，还是人们的贪心惹的祸？

释疑故事

孙悟空和唐僧一路走得脚都起泡了，终于到了一座寺院，寺院名为观音院，寺院主事叫金池长老，金池长老很热情地接待了师徒二人。在谈话间，孙悟空向这位金池长老炫耀起唐僧的袈裟，谁知金池长老看后起了贪念，想要霸占唐僧的袈裟，于是让僧人烧死他们。孙悟空识破了金池长老的阴谋，于是上天向广目天王借来了避火罩，又吹了一阵风把观音院彻底给烧了，金池长老当然也难逃一死。没想到的是黑风山的黑熊精趁着大火将袈裟偷了去，而且还要开“佛衣会”显摆，孙悟空无奈之下又请来观音菩萨收服了黑熊精。

刨根问底

后天袋——弥勒佛的法宝，形状犹如搭包，主要功能是吸纳。
紫金铃——观音菩萨的一件法宝，由太上老君在八卦炉中煅炼而成，被妖怪赛太岁偷走（观音的坐骑“金毛犼”），后用来对付孙悟空，最终被观音收回。

引申词释义

肉眼凡胎——凡胎，指凡人的身体。这里指尘世平常的人。
手疾眼快——形容机灵敏捷。

说文解字

取经要知道：**莫信直中直，须防人不仁**——不能简单地相信对方表面的正直，要提防他存心不良。《西游记》第八十一回中记载了“妖精不精者不灵，一定会腾云驾雾，一定会出幽入冥。古人道得好：‘莫信直中直，须防人不仁。’”

告人死罪得死罪——诬告他人反而自己受罚，用来劝诫不可诬陷他人。《西游记》第八十三回中记载了“常言道：‘告人死罪得死罪。’须是理顺，方可为之。”

细挖《西游记》

《西游记》“规律”：猴哥永远在前线，唐僧不是被妖精抓走就是在被抓的路上，猪八戒这两种情况可以说各占一半。

《西游记》中，各路妖怪为什么历经千辛万苦抓到了唐僧却不急着吃唐僧肉呢？

取经路上的妖怪抓唐僧的确是为了吃一口唐僧肉。但同时这些妖怪的出现也都是为唐僧取经道路上特意设置的磨难。因为不经历九九八十一难，唐僧师徒就不能修得正果。

西游趣谈

黑熊精：叫我黑熊精多没排面，应该叫我黑风大王！

孙悟空：自封的有什么用，我这个美猴王可是公认的。

玉帝：泼猴，一群猴子闹着玩的，你还当真了。

秦广王：我们十殿阎君才是名副其实的王。

佑圣真君：没错，老秦，我弟弟的事情，您多帮忙。

秦广王：好说，好说！

玉帝：好啊，你们公开徇私枉法？

佑圣真君：兄弟情深，我也没有办法啊。

《西游记》另类悬疑

※佑圣真君还是凡人的时候有一个弟弟，但弟弟早夭了。后来他成神之后发现弟弟一连 35 次投胎转世都没能活过成年。在他弟弟第 36 次做人的时候终于熬到了成年，却在洞房花烛夜之前死了。于是佑圣跑到地府中，找到秦广王。在佑圣的逼迫下，秦广王为他在人间的弟弟改了寿命。

大语文拓展

1.人物鉴赏

圣婴大王

红孩儿，别名圣婴大王。他是一个年龄虽小但能量很大的魔头；一个敢吃天的初生牛犊，一个能使神的积年山霸。他能口喷三昧真火，一生下来就在火焰山玩。火焰山是当年悟空闹天宫时，踢倒太上老君的八卦炉，几块砖带着三昧真火落下来形成的。红孩儿吃奶的时间可不是几个月，而是三百年。他在孩提时候就不知不觉地练就了口吐火、鼻喷烟的绝技。

2.《西游记》冷知识

千万不要因为牛魔王会炼丹就误以为牛魔王是太上老君的人。牛魔王的地盘在西牛贺洲，也就是在如来佛祖的地盘上，所以牛魔王是如来佛祖战队的队员。

3.歇后语

猪八戒卖稻草——人没人，货没货

4.冷知识探真

沙僧是玉帝派到取经队伍中的卧底，如来佛祖当然知道个中缘由，所以不动手灭沙僧，反而让他加入取经队伍，最后还封他为菩萨。

过关题典

一、综合题

有人看了《水浒传》后出了一个上联。请你结合《西游记》中的有关情节对出下联。上联：疾恶如仇，鲁达拳打镇关西。

二、选择题

下列表述有误的一项是（　　）

A.“唐宋八大家”是指包括韩愈、苏轼、欧阳修、曾巩在内的八位著名文学家。

B. 我国古典名著中很多文学形象除名字外还有别称，如：贾宝玉——怡红公子；宋江——及时雨；诸葛亮——卧龙先生；孙悟空——弼马温。

C. “书圣”王羲之的《兰亭序》被誉为“天下行书第一”，而唐代颜真卿的书法对后世影响也很深远，有“学书当学颜”之说。

D. 春节、雨水、惊蛰、清明、冬至都是我国传统的二十四节气。

三、填空题

有人评价《西游记》道：“阳光灿烂________，百变猴头________，憨厚老成________，阿弥陀佛是________。漫漫西天取经路，除妖斗魔显真功。若问是谁普此画，淮安才子吴承恩。”

四、猜谜题

七色光下无假象（打《西游记》一人物）

小妖敌不过毛猴子

山神

大圣啊！这里有妖怪想吃唐长老！注意安全啊！

孙悟空

谁敢打我师傅的主意？

八戒

大师兄，让我前去打探一番。

银角大王

快拿紫金葫芦、羊脂玉净瓶去捉拿孙悟空！

孙悟空

我要劫杀老妖婆！

金角大王

我怎么跑到羊脂玉净瓶里了呢？咋回事？

太上老君

你们两个不听话的孩子，快跟我回家去！

《西游记》悬疑

※为什么大部分妖怪想吃唐僧肉？吃了唐僧肉能长生不老难道是个公开的“秘密”？

释疑故事

唐僧师徒来到平顶山，山神向孙悟空报信，说莲花洞内有两个魔头想吃唐僧肉。于是孙悟空派八戒前去打探。

八戒碰上银角大王被擒。银角大王变为受伤老道让孙悟空背，并乘机将孙悟空压在山下，还把唐僧、沙僧及白龙马抓回洞府。金角大王担心大山压不住孙悟空，又派手下小妖取出紫金葫芦、羊脂玉净瓶去捉拿孙悟空。孙悟空被山神救出后变成道士模样，骗了小妖的紫金葫芦和羊脂玉净瓶。小妖拿回假葫芦，金角、银角大王得知上当，于是差小妖请母亲吃唐僧肉，顺便拿回母亲的幌金绳。孙悟空得知这一情况，立即去劫杀老妖婆，并夺了幌金绳，变成老妖婆来到莲花洞。被两魔头识破后双方发生一场恶战，孙悟空用紫金葫芦装了银角大王，又用羊脂玉净瓶装了金角大王，将他们送还给了太上老君。在救出唐僧等人后，取经团队继续西行。

刨根问底

旌旗（jīng qí）——旗帜的通称。

龙肝凤髓（lóng gān fèng suǐ）——比喻极其珍贵的食品。

引申词释义

手到擒来——擒：捉拿。原指作战时一下子就能把敌人捉拿过来，后比喻做事有把握，不费力就做好了。

寿山福海——寿像山那样高，福像海那样深。旧时用于祝人长寿多福。

说文解字

取经要知道：**明人不做暗事**——心地光明的人不做偷偷摸摸的事。指为人处世光明正大。《西游记》第八十四回中记载了“我不是夜耗子成精。明人不做暗事。吾乃齐天大圣临凡，保唐僧往西天取经。”

手插鱼篮，避不得腥——比喻既然要做某事，就不要有顾虑。《西游记》第八十六回中记载了“古人说得好：‘手插鱼篮，避不得腥。’一不做，二不休，左右帅领家兵杀那和尚去来！”

细挖《西游记》

《西游记》第九回中提到，老龙王随意布雨，雨量和时间都没有按照玉帝的律令来，结果被判了死刑。在民间高手袁守诚的指导下他得知这次的监斩官是凡人魏徵。一番苦求之下，袁守诚给他支了招，让他去求大唐皇帝李世民，如果大唐皇帝能帮他拖住魏徵，让魏徵错过监斩的时辰，他的这条命就保住了。然而不幸的事情还是发生了，老谋深算的魏徵识破了唐太宗的拖延之计，下棋的时候睡了一觉就把龙王给杀了。

西游趣谈

孙悟空

我就是要删除生死簿上的所有的猴类!

吴承恩

我塑造个人物还不是手到擒来。

阎王爷

我的工作失职了。

太上老君

毛猴子，我想烧死你!

《西游记》另类悬疑

※孙悟空将那些有名有姓的猴属全都从生死簿上勾除了，并且这生死簿中记录的都是初始数据，一经毁坏就再也不能复原了，就算是阎王爷想要改回来，也是有心无力。

大语文拓展

1.人物鉴赏

铁扇公主

铁扇公主是《西游记》中的重要人物之一，唐代的《玄奘法师传》、宋代的《大唐三藏取经词话》中都没有铁扇公主的形象，这一形象是在元代杨景贤本的杂剧《西游记》中出现的，但是在杨景贤本的杂剧《西游记》中，铁扇公主既不是红孩儿母亲，也不是牛魔王的妻子。而在明朝吴承恩所作《西游记》中，红孩儿成了她的儿子，牛魔王成了她的丈夫，法宝铁扇变成了芭蕉扇。

2.《西游记》冷知识

在收服牛魔王时，玉帝的命令是杀掉牛魔王，可如来佛祖却救了牛魔王。

3.歇后语

孙悟空大闹天宫——慌了神

唐僧烂嘴——没咒念了

4.冷知识探真

如来佛祖借举办盂兰盆会把镇元子（镇元大仙）请到灵山，让金蝉子敬茶，这说明如来佛祖认可镇元子的地位，给了他很大的面子。镇元子对敬茶之事五百年来念念不忘，还特意让清风、明月招待取经团队。

过关题典

一、阅读理解

《西游记》中孙悟空在偷吃蟠桃、盗饮御酒、窃走仙丹后被捉住，之后又发生了哪些事他才最终被降伏？

二、填空题

唐僧西天取经，历经十四个寒暑，横跨十万八千里，途经不少奇异的国度，其中你印象最深刻的两个国家是__________、__________。

三、选择题

孙悟空的武器是“如意金箍棒”，它的重量是（　　）

A. 一万三千五百斤　　B. 七千二百斤　　C. 一万二千斤

四、综合题

看了《钢铁是怎样炼成的》后，有人写了一个上联，即“身残志坚，保尔唱响生命曲”，请你结合《西游记》中的有关情节写一个下联。

《西游记》：______________________________

三仙乱搅合

佛教徒

快救救我们啊！

孙悟空

我肩负重任啊！

虎力大仙

圣僧敢不敢和我比祈雨？

鹿力大仙

我愿赌剖腹剜心！

羊力大仙

隔板猜物，你们行吗？

唐僧

徒儿啊！快带为师离开这危险之地！

《西游记》悬疑

※五百佛教徒鬼哭狼嚎为哪般？没有孙悟空解不开的疑难问题？

释疑故事

孙悟空夜中饥饿，于是约八戒、沙僧到三清殿偷吃贡品。一小道报知国师，国师引众进殿，向三清拜求仙丹。孙悟空偷偷撒尿于瓶中，国师发现受骗，怒打三人，三人驾云而回。第二天，唐僧换文西行，国师不许，要追究昨晚之事。孙悟空正和国师争执间，忽众百姓来求国师祈雨，国王就命唐僧和国师比赛祈雨。在孙悟空的帮助下，唐僧祈雨成功，而虎力大仙做不到还不服气。孙悟空又让龙王现身使国王信服，国王愿送师徒西行。羊力大仙又从中作梗，要与唐僧比赛隔板猜物，又被孙悟空暗中捉弄而失败。虎力大仙又要和唐僧比高台坐禅。孙悟空化彩云使唐僧登高台，又捉走鹿力大仙暗害唐僧的臭虫，然后化作一条蜈蚣，使虎力大仙从高台上摔下来。虎力大仙恼羞成怒，与悟空赌利刀砍头，鹿力大仙则赌剖腹剜心，羊力大仙赌赤身下油锅，但一一都被孙悟空所破，最终三国师都身亡现形，原来它们分别是虎、鹿和羊。

刨根问底

双叉岭的妖怪——寅将军、熊山君、特处士。

蛇盘山鹰愁涧的妖怪——小白龙。

引申词释义

树大招风——比喻人出了名或有了钱财就容易惹人注意，引起麻烦。

说文解字

取经要知道：画虎不成反类狗——描绘老虎的样子却画得不像，反倒像狗。比喻人好高骛远，但能力不足，仿效失真，变得不伦不类。《西游记》第八十八回中记载了“教便也容易，只是你等无力量，使不得我们的兵器，恐学之不精，如‘画虎不成反类狗’也。”

泰极还生否，乐处又逢悲——事情发展到了极限，就转化为相反的一面，指乐极生悲。《西游记》第九十六回中记载了“没奈何，却在那破房之下，拣遮得风雨处，将身躲避。密密寂寂，不敢高声，恐有妖邪知觉。坐的坐，站的站，苦捱了一夜未睡。咦！真个是：泰极还生否，乐处又逢悲。”

细挖《西游记》

吴承恩是明代人，大约出生于1500年，他原本想考取功名，然而仕途上始终不顺利，因此中年的吴承恩只能靠卖文写书为生。他在50岁左右时写下了《西游记》的前十几回，后迫于生计不得不中断。他曾经游览多地的名山大川，积累了大量的素材，最终写完了这本书。现存《西游记》最早的刊本是明世德堂本。

西游趣谈

吴承恩

辛辛苦苦写出来的大作，居然还没拿到稿费，我想哭。

黑熊精

黑风山黑风洞是我的根据地。

孙悟空

老黑，你别跑！还没打出个高低呢。

镇元子

我去谈经论道了。

金蝉子

其实我是借用了唐僧的肉身。

《西游记》另类悬疑

※孙悟空推倒人参果树那日，镇元子正是应了元始天尊的邀请，去与天庭的朋友谈经论道了，因而错过了与他前世曾是故人的唐僧相聚的机会。

大语文拓展

1.人物鉴赏

黑熊精

黑熊精又名熊罴怪，在观音院正南二十里的黑风山黑风洞修行。虽然是个妖怪，但他精于文墨，喜欢高谈阔论，观音院的金池长老常与他讲道。他善使一柄黑缨长枪，武艺高强。

2.《西游记》冷知识

万圣龙王和牛魔王私交颇好，不仅给牛魔王送金银，还送坐骑。牛魔王还告诫万圣龙王要小心孙悟空。

3.歇后语

孙悟空火烧白骨精——原形毕露

唐僧遇见白骨精——敌我不分

4.冷知识探真

唐僧上船之后，他的尸身就从河中漂走了，后来真正成佛的并不是唐僧，而是如来佛祖的嫡传二弟子金蝉子。

过关题典

一、阅读理解

孙悟空只好又来到翠云山，这次他变成了铁扇公主的丈夫牛魔王的样子。铁扇公主不辨真假，把他接了进去。说到孙悟空借扇一事，假牛魔王故意捶胸道：“可惜，可惜，怎么就把那宝贝给了猢狲？”铁扇公主笑道：“大王息怒，给他的是假扇。”假牛魔王道：“真扇子你藏在哪儿了？仔细看管好，那猢狲变化多端，小心他再骗了去。”铁扇公主说：“大王放心。”说着将真扇从口中吐出，只有一片杏叶儿大小。悟空大喜过望，连忙抓在手中，问道：“这般小小之物，为何能扇灭八百里火焰？”铁扇公主道：“大王，你离家两年，怎么连自家的宝贝也忘了？只要念一声口诀，这扇就能长到一丈二尺长短。”孙悟空记在心上，将扇儿噙在口中，把脸一抹，现了本像，径自出了芭蕉洞。铁扇公主气得一下子跌倒在地。

1. 变成牛魔王的样子去借扇，这真是一条妙计。这一小节详细描写了什么情节？

2. 上文主要抓住人物的______、______、______等进行描写，如“故意捶胸”“笑”“大喜过望”“连忙”等。

二、猜谜题

全面救助（打《西游记》一人物）

三、简答题

《西游记》第二十七回“尸魔三戏唐三藏，圣僧恨逐美猴王”中的“尸魔”就是“白骨夫人”，她是如何“三戏唐三藏”的？

偷东西也能成兄弟

童子
师傅不在家，咱俩要看好门。

孙悟空
真好吃，分给师弟吃。

镇元大仙
不许走！

东海三星
这可怎么办？

东华帝君
镇元老弟，你就手下留情吧。

观音菩萨
这不就恢复原样了嘛。

镇元大仙
毛猴子，咱俩从今天起就是好兄弟了。干一杯！

《西游记》悬疑

※到底是人参果好吃还是人的贪心不足？

释疑故事

五庄观观主镇元大仙外出听经，留下两个童子，并嘱咐他们以人参果款待唐僧。唐僧见果不敢吃，两童子就自己吃了。孙悟空偷得三枚人参果，与两个师弟分吃，最后事情败露，被童子责问。因不愿连累师傅受骂，孙悟空就承认了。结果两个童子不依不饶，惹怒了孙悟空，孙悟空就到后园推倒了果树，毁了灵根，并连夜与师傅、师弟逃跑。镇元大仙回到观内，唤醒被催眠的童子，问明原委，就驾云捉拿唐僧师徒。镇元大仙跟唐僧师徒说若不能医好果树，他们定然难去西方取经。东海三星、东华帝君都无妙方，孙悟空遂往南海向观音求救。观音菩萨来至观内，医好灵根，果实复旧，于是镇元大仙设下人参果会款待观音菩萨和三星，并履行承诺，与孙悟空结为兄弟。

刨根问底

黑风山黑风洞的妖怪——黑熊怪。
福临山云栈洞的妖怪——猪八戒。

引申词释义

十万八千里——形容相距极远。
通情达理——指说话、做事很讲道理。

说文解字

取经要知道：起头容易结梢难——事情开头容易，但要有令人满意的结果却很难。《西游记》第九十六回中记载了“常言道：‘起头容易结梢难。’只等我做过了圆满，方敢送程。”

细挖《西游记》

九头狮子是太乙救苦天尊的坐骑，他趁天尊狮奴偷喝太上老君的轮回琼液沉醉之际，私下凡间，在玉华州竹节山九曲盘桓（huán）洞落草为妖三年（天上一日，人间一年），并收服黄狮精、狻猊、抟象狮、白泽、伏狸、猱狮、雪狮。

西游趣谈

孙悟空

你个死豹子，看我不打死你。

南山大王

别欺负我啊！

猪八戒

当年我假装打架还救了红孩儿。

九头狮子

我能降住地头蛇！

牛魔王

感谢老猪啊！

猪八戒

艾叶花皮豹子精，你是少数几个我灭的妖怪之一。

《西游记》另类悬疑

※菩提祖师集儒释道于一身，已跳出三界之外，和三清（元始天尊、灵宝天尊、道德天尊）都是朋友，辅佐玉皇大帝的四御也是他的老朋友，九曜（yào）星君则是他的晚辈。

大语文拓展

1.人物鉴赏

南山大王

南山大王本是一只艾叶花皮豹子精，使一根铁杵，武力和法力都很低下，但是颇有智慧，他先是采用“分瓣梅花计”智擒了唐僧，又两次用假人头骗了孙悟空、猪八戒、沙和尚。孙悟空救师心切，一会儿变成水老鼠，一会儿变成会飞的蚂蚁，一会儿变成瞌睡虫放倒看守唐僧的小妖怪，最终和猪八戒打入妖精洞府，打死南山大王，救出了唐僧。

2.《西游记》冷知识

孙悟空要杀红孩儿，八戒假装参战却救了红孩儿。八戒这是在报恩，因为他曾经当妖怪最惨的时候，牛魔王去看望过他。

3.歇后语

猪八戒想娶媳妇——一厢情愿
唐三藏读佛经——出口成章

4.冷知识探真

唐僧准备出发取经前，洪福寺的徒弟们曾问他归期，唐僧回答道：等山门的松枝朝东的时候就回来。事实也果真如此，当唐僧取经回大唐时，洪福寺山门的松枝个个向东。

过关题典

一、问答题

孙悟空专用兵器的前身是什么?

二、选择题

金角大王用扇子扇出烈火击败孙悟空。孙悟空钻入洞内,窃得(　　)和扇子。

A. 净瓶　　B. 葫芦　　C. 幌金绳

三、简答题

近年来,市面上像《水煮三国》和《八戒日记》这类把名著改得面目全非的书很多。《八戒日记》中的猪八戒变得温柔体贴、多情明理。根据上述现象,回答下列问题:

1.《西游记》原著中的猪八戒是什么样的形象?

2. 谈谈你对乱改名著现象的看法。

员外家真不是寻常人家

唐僧

咱们要帮助寇员外。

寇员外

我是被害死的。

张巧儿

你个大唐和尚居然敢拒绝我的一番美意。

铜台府刺史

立即给我缉拿大唐来的四个坏蛋！

地灵县官员

必须上诉！

孙悟空

我去找地藏王菩萨，把寇员外给你们带回来。

寇员外

我向大家说明原委，你们就别闹了。感谢圣僧！

《西游记》悬疑

※错怪好人，还是剧情需要？大概是为了彰显唐僧师徒的能力吧！

释疑故事

寇洪的老婆张巧儿因唐僧拒绝她的招待怀恨在心，于是诬蔑唐僧师徒，并让自己的儿子将其状告到官府。铜台府刺史把唐僧师徒当作强盗抓了回去，并关进监狱里。后来孙悟空装鬼装神吓唬寇洪的家人、铜台府刺史、地灵县官员，不仅让寇洪的儿子到铜台府撤诉，还让所有地灵县官员到铜台府鸣冤，最后铜台府刺史重审此案，把唐僧师徒放了出来。之后唐僧师徒去寇家的灵堂祭拜寇洪，孙悟空到地藏王菩萨那里把寇洪带回阳间，并让他亲口对众人说明他被害的经过，众人这才真正明白真相。

刨根问底

黄风岭黄风洞的妖怪——黄风怪

员外——1. 古指正员以外的官员（全称为“员外郎”，是在郎官的定员之外设置的）。2. 旧称财主、富豪等（多见于早期白话）。

引申词释义

提心吊胆——形容十分担心或害怕。

铜筋铁骨——如铜一样的筋，如铁一样的骨。比喻十分健壮的身体，也指能负重任的人。

说文解字

取经要知道：破烂流丢——破烂不堪的样子。《西游记》第四十六回记载了“当驾官即开了，捧出丹盘来看，果然是件破烂流丢一口钟。”

讲经说法——讲传宗教经典，宣扬宗教教义。亦指引经据典地谈说议论。《西游记》第二十六回记载了“直到普陀岩上，见观音菩萨在紫竹林中与诸天大神、木叉、龙女，讲经说法。”

细挖《西游记》

蝎子精有一把三股钢叉，又有鼻中火、口内烟。蝎子精能在武艺上以一敌二，与孙悟空、猪八戒打成平手，取胜的武器是“倒马毒”。原著里旁白中提到蝎子精和孙悟空、猪八戒打了多时，不分胜负。后文中孙悟空提到“破了她的叉势”，但这没有旁白佐证，赞诗中也看不出蝎子精处于下风，因此这极有可能是孙悟空为挽回面子找的说辞。

西游趣谈

黑水河鼍龙怪

我父母早亡，竹节钢鞭是我的得力武器！

孙悟空

这家伙不好对付啊！我得去找老龙王帮忙。

西海龙王

毛猴子，叫太子带兵随你一同前往。

敖摩昂

一举拿下鼍龙！

黑水河鼍龙怪

我威武了一世，居然今日惨败！

魏徵

小鼍龙，你忘了你老爸当年就是我的刀下鬼了吗？

《西游记》另类悬疑

※孙悟空在方寸山三星洞学艺十年，前七年啥也没干，闲来无事就去砍柴、摘桃。祖师为大众布道时，他就站在旁边听课。

大语文拓展

1.人物鉴赏

黑水河鼍龙怪

黑水河鼍龙怪

黑水河鼍龙怪是西海龙王敖闰的外甥，其父亲是被魏徵斩掉的泾河龙王。黑水河鼍龙怪在唐僧一行过黑水河时，用计擒住了唐僧和八戒，并想吃唐僧肉以求长生不老。孙悟空知道他的出身后，闯进西海龙宫，连唬带吓，逼迫西海龙王派太子敖摩昂率兵征讨鼍龙，解救了唐僧。

2.《西游记》冷知识

最先掌管灵山的是燃灯古佛，后来才是如来佛祖。

3.歇后语

猪八戒喝粥——连锅端

猪八戒进了女儿国——看花了眼

4.冷知识探真

猪八戒下凡前受过酷刑，由玉帝亲手实施，毁掉了根骨。

过关题典

一、选择题

谎言被戳穿后，八戒再次探路，遇到（　　）率妖巡逻，一番打斗后，八戒寡不敌众被擒进洞中。

A. 金角大王　　B. 银角大王　　C. 精细鬼　　D. 伶俐虫

二、填空题

《西游记》中唐僧骑的马叫__________。

三、简答题

头上戴一顶鹊尾冠，乌云敛伏；身上穿一件玉罗褶，广袖飘迎。足下乌靴花摺（zhé），腰间鸾带光明。丰神真是奇男子，耸壑轩昂美俊英。

请从你的角度分析变化后的黄袍怪的形象。

第五章 艺高人胆大

乌鸡国里没有乌鸡妖

乌鸡国国王

从来没有见过这么有本事的人。

青毛狮子

看我怎么忽悠你。

井龙王

先救下你再说。

孙悟空

二师弟，给你个表现的机会！

猪八戒

居然是让我背死人！大师兄，你欺负我。

太子

夺回江山！

太上老君

还魂丹给你们拿去用。

青毛狮子

我要回家干活去了，文殊菩萨还等着我呢。

《西游记》悬疑

※为啥关键时刻都有菩萨现身？孙悟空想请谁来帮忙都可以吗？

释疑故事

乌鸡国国王因为见识到老道的通神本领，便与之结拜为兄弟，妖道趁与国王游玩之际将国王推至井中，自己则化身为国王，原来此怪是文殊菩萨的坐骑青毛狮子。国王掉入井中归天，谁知井底竟然有一小神——井龙王。这龙王将国王收至府中，用自己的“定颜珠”将国王的尸体保存起来。乌鸡国国王托梦给唐僧并交给唐僧一块玉珪。之后孙悟空将太子引入寺中，为太子言明其父王之事，又哄骗猪八戒将国王尸身从井中捞出，背回了宝林寺。接着又向太上老君索得一粒还魂丹，救活国王。最终假国王被太子揭穿，文殊菩萨现身，青毛狮子被带走。

刨根问底

万寿山五庄观的主人——镇元大仙
白骨山的妖怪——白骨夫人

引申词释义

五黄六月——指阴历五、六月间天气炎热的时节。
无拘无束——拘、束：限制、约束。形容自由自在，没有牵挂。

说文解字

取经要知道：大显神通——神通：原为佛教用语，指无所不能的力量，后指特别高超的本领。形容充分显示出高超的本事。《西游记》第八十九回记载了“他三人辞了师父，在城外大显神通。”

细挖《西游记》

孙悟空在方寸山上只待了十几年就被菩提祖师赶了出去。后来孙悟空再次回到花果山，打败了混世魔王，再后来又闯入傲来国，夺得了大量的兵器，让花果山的猴儿们也有了武器。

西游趣谈

猪八戒：光顾着吃好吃的了，好久没玩我的九齿钉耙了。

灵感大王：快献出童男童女，不然要你们好看！

沙和尚：我以前就生活在河里，不服就干！

孙悟空：二师兄，你和三师弟一起下水去打死这个臭妖怪！

猪八戒：师弟，咱俩加一起怎么还打不过这个妖怪？

孙悟空：看来我得再去请菩萨了。

观音菩萨：小金鱼，你个捣蛋鬼，怎么跑这儿来了？快给我回鱼池里去。

《西游记》另类悬疑

※镇元子应元始天尊之邀，到弥罗宫去讲“混元道果”，走之前他交代弟子，说这几天有一个故人经过，要好好招待，不要怠慢了他。在唐僧师徒四人还在路上的时候，镇元子就知道他们快要到五庄观了。

大语文拓展

1.人物鉴赏

灵感大王

灵感大王本是观音菩萨莲花池里养大的金鱼，手持九瓣赤铜锤，跑到通天河为妖，抢占了老鼋的住宅。后来他施计下了一场雪，使通天河结冰，想办法弄走了唐僧。最后他被观音菩萨收走了。灵感大王在水中实力很强，猪八戒与沙和尚联手与他在水底下斗了两个时辰都不分胜负。

2.《西游记》冷知识

如来佛祖是灵山主人，管理着众多佛、菩萨。但他却排名第三，排名在如来佛祖之前的有燃灯古佛和**药师琉璃光王佛**。

3.歇后语

孙悟空树帅旗——**猴孙捧场**

白骨精鬼嚼——**不是人话**

4.冷知识探真

九齿钉耙是由太上老君联手五方五帝千辛万苦炼就而成，这兵器其实非常厉害，猪八戒在取经的时候隐藏了它的部分功能，它其实自带冰火属性。猪八戒在取经过程中一直没有用它的隐藏功能，这是因为猪八戒的本职工作就是挑担子。除了九齿钉耙，猪八戒还有一件神兵利器，那就是**落月弓**。

过关题典

一、简答题

《西游记》第二十七回“尸魔三戏唐三藏，圣僧恨逐美猴王”写了“孙悟空三打白骨精”的故事，结合相关内容完成下面的习题。

1. 请简述“孙悟空三打白骨精”的经过。

2. 请为“孙悟空三打白骨精”的英雄行为写一段颁奖词。

二、选择题

在“天竺国招亲降玉兔”故事中，(　　)收服了玉兔。

A. 嫦娥　　B. 观音菩萨　　C. 哪吒三太子

三、问答题

孙悟空被压在什么山下?

同地名却不同遭遇

奎木狼

我要干点大事！

一号黑松林

三藏逢魔那是在我的地盘。

二号黑松林

如今这取经师徒到我这里了，不能轻饶他们！

唐僧

我招谁惹谁了？

猪八戒

确实是个可怜的女人，快救下她。

奎木狼

我洗心革面，努力学习！

太上老君

快给我烧火去！

《西游记》悬疑

※唐僧是真的傻还是压根没能力辨识妖怪？

释疑故事

离开比丘国不久，唐僧师徒来到了一片黑松林。听到呼救声后，唐僧决定顺着呼救者发出声音的方向寻找，最后看到的竟是如此景象：只见那大树上绑着一个女子，上半截被葛藤绑在树上，下半截埋在土里。唐僧在听完女子的哭诉后，叫猪八戒去松绑救人。猪八戒听从师傅的指令，准备去为那个被绑的女子松绑，而孙悟空却凭着在太上老君的八卦炉中炼就的一双火眼金睛识别出她是妖怪，所以从半空中跳下来，一把揪住猪八戒正为女子松绑的手，揭露了女子的真面目。

刨根问底

碗子山波月洞的妖怪——黄袍怪
平顶山莲花洞的妖怪——金角大王、银角大王

引申词释义

虾兵蟹将——古代神怪小说里海龙王手下的兵将。比喻敌人的爪牙或不中用的大小喽啰。

凶多吉少——凶：不幸；吉：吉利。指估计事态的发展趋势不妙，凶害多，吉利少。

说文解字

取经要知道：密密层层——形容排列层次多而密。《西游记》第六回记载了"见那天罗地网，密密层层，各营门提铃喝号，将那山围绕的水泄不通。"

一望无际——际：边。一眼望不到边，形容十分辽阔。《西游记》第六十四回记载了"一望无际，似有千里之遥。"

细挖《西游记》

《西游记》中出现的六名山贼并不是普通人，他们分别代表了佛家所谓的六根，是菩萨派来专门与悟空作对的。

所谓六根，指的是"眼、耳、鼻、舌、身、意"。眼是视根，耳是听根，鼻是嗅根，舌是味根，身是触根，意是念虑之根。佛家讲究"六根清净"，悟空虽然被如来压了五百年，但是性情仍难平和，是以得多经磨炼，才能心生慧根。

因此，"去六根"在此有着强烈的象征意义。所以后来当孙悟空一怒之下离开唐僧后，又被龙王与观音给劝了回来。等再见师傅时，他已被观音与唐僧挖好了"坑"，一顶金箍已经在静静地等着他了。因为头顶有了金箍，孙悟空的野性才慢慢消失，以至"六根（贼）无踪"，修成正果。

西游趣谈

九头狮子

趁着领导喝醉了，下凡赶大集去。

孙悟空

你们净给我找事。

金鱼精

我先去通天河买零食去。

九瓣铜锤

其实我就是一枝荷花，谁知道竟然成了武器。

孙悟空

你们就不能让我歇会吗？

金鱼精

有些秘密不能告诉你们。

《西游记》另类悬疑

※通天河是观音菩萨的秘密基地，金鱼精原是观音莲花池中养的一条金鱼，天天听观音讲经，竟然修炼出了灵智，还用莲花池中一株未开的荷花炼制了一柄九瓣铜锤，趁着海水涨潮跑到通天河做了妖怪。

大语文拓展

1.人物鉴赏

九灵元圣

九灵元圣又叫九头狮子，是太乙救苦天尊的坐驾。他趁天尊狮奴偷喝太乙天尊的轮回琼液沉醉之际，私下凡间，在玉华州竹节山九曲盘桓洞落草为妖三年，并收下黄狮、狻猊、抟象狮、白泽、伏狸、猱狮、雪狮七狮，它被七位狮子精尊称为“祖翁”，旗下徒子徒孙无数。

2.《西游记》冷知识

观音菩萨在灵山诸佛、菩萨中位列第四十九名，而唐僧一封佛，便位列第四十七名。

3.歇后语

孙悟空回了花果山——归山称王

白骨精说梦话——妖言惑众

4.冷知识探真

在太白金星的劝谏下，玉皇大帝让孙悟空到天庭担任“齐天大圣”一职，这是个有职无权、有官无禄的虚职，玉皇大帝还命天庭建造局给齐天大圣建了齐天大圣府，设立了“安静”和“宁神”二司，仙使侍者一应俱全。

过关题典

一、填空题

《西游记》的作者运用了__________手法描绘了一个奇妙的__________世界，花果山水帘洞洞口的对联是“______________________________”。

二、综合题

下面是一张好书推荐卡，请你向大家推荐好书。

好书推荐卡

作品：__________

作者：__________

我印象最深的一则故事（情节或一首诗歌）：______________________

我推荐的理由：____

三、阅读理解

龙王指定道：“那放光的便是。”悟空撩衣上前，摸了一把，乃是一根铁柱子，约有斗来粗，二丈有余长。他尽力两手挝过道：“忒粗忒长些！再短细些方可用。”说毕，那宝贝就短了几尺，细了一围。

悟空又颠一颠道：“再细些更好。”那宝贝真个又细了几分。悟空十分欢喜，拿出海藏看时，原来两头是两个金箍，中间乃一段乌铁，紧挨箍有镌成的一行字，唤作“如意金箍棒，重一万三千五百斤”。心中暗喜道：“想必这宝贝如人意！”一边走，一边心思口念，手颠着道：“再短细些更妙！”拿出外面，只有丈二长短，碗口粗细。

1. 上文中讲的是什么故事情节？

2. 上文中的主人公是谁？

混不开的牛只能回老家了

独角兕（sì）大王

宝贝金钢琢，以后你就是我的了。

托塔天王

奉命去一线工作。

哪吒

老爸，我的六件兵器都丢了，咋办？

众火神

咱们还有惨败的时候？坚决不服！

十八罗汉

越挫越勇！

太上老君

乖乖啊！我的青牛牌私家车，快驮我回家。

《西游记》悬疑

※什么动物都能出来作妖、都能在半路上扰乱取经？

释疑故事

独角兕大王本是太上老君的坐骑青牛，趁着牛童瞌睡之际，偷走老君的宝贝金钢琢，下界到金兜山金兜洞。独角兕大王使用一根丈二长的钢枪，又仗着太上老君的宝物金钢琢，用计捉住唐僧、八戒和沙僧，套住孙悟空的金箍棒，将他打败。孙悟空只好到天宫搬来了托塔李天王父子，独角兕大王着实厉害，把哪吒的六件兵器统统收走，又打败前来助阵的火德星君率领的众火神，天兵天将和如来的十八罗汉也都战败了。多亏如来佛祖暗示孙悟空，请来了太上老君，使妖怪现出青牛本相，太上老君跨上牛背，带他回到了天庭。之后孙悟空等率众打入洞中，杀死小妖，救了唐僧。

刨根问底

乌鸡国国都的妖怪——狮猁怪
号山枯松涧火云洞的妖怪——圣婴大王红孩儿

引申词释义

一表非凡——表：外貌；凡：平凡。形容人容貌俊秀又有精神。
摇身一变——旧时神怪小说中描写有神通的人能用法术一晃身子就改变自己本来的模样。后指人的身份、立场、面目改变得很快，含贬义。

说文解字

取经要知道：半路出家——半路：半途、中途，指成年以后；出家：离家去当和尚或尼姑。指成年后才去做和尚或尼姑。后比喻中途改行从事某种非本行的工作。

一般无二——完全一样，没有一点儿不同。《西游记》第三十五回记载了“纵是一根藤上结的，也有个大小不同，偏正不一，却怎么一般无二？”

细挖《西游记》

孙悟空的花果山在东胜神洲，距离东天门最近。他上天应该走东天门，可是孙悟空上天庭只走南天门。一是因为镇守南天门的守将实力最弱。李靖父子虽然在天庭武将中地位最高、实力最强，也最受玉皇大帝信任，但是在真武大帝、太乙救苦天尊和如来佛祖面前，仍然属于容易打败的。二是因为南天门属于天庭的正门。古人历来讲究名正言顺，连进门也是如此。凡是走后门的、走偏门的、钻狗洞的，均为世人所不齿。孙悟空要想树立威信，自然也必须走南天门。

西游趣谈

摩昂太子

我乃太子，也是条汉子，自然要威风凛凛。

小鼍龙

舅舅，咱们去吃唐僧肉。

小白龙

大哥，你一向主持正义！

小鼍龙

大表哥，你咋打我打得这么狠？

犀牛精

遇到龙太子，就是混到头了。

孙悟空

一路上打架，我好累。

《西游记》另类悬疑

※观音知道金鱼精到陈家庄了，便重新招了一个黑熊精顶替其保安队长的岗位。

大语文拓展

1.人物鉴赏

摩昂太子

摩昂太子全名“敖摩昂”，是西海龙王敖闰的儿子，也是小白龙(敖烈)的兄长，手使一柄三棱锏作为兵器。敖摩昂为人忠勇，不徇私情，武艺十分了得，《西游记》中称他的武艺“赛金刚”。敖摩昂的表弟小鼍龙在黑水河捉住了唐僧，邀请舅舅西海龙王来吃唐僧肉，西海龙王得知后，立即派摩昂率兵捉拿鼍龙，表兄弟二人在黑水河混战一场，小鼍龙敌不过摩昂，三五个回合后就被擒住归案。

2.《西游记》冷知识

孙悟空捣毁人参果树后，请来了观音菩萨，镇元子对观音菩萨的态度十分恭敬。从这一点来看，金蝉子的地位明显是不及观音菩萨的。

3.歇后语

九齿钉耙挠痒痒——道道多

4.冷知识探真

孙悟空大闹天宫时，被天庭捉拿，还被关进八卦炉中焚烧，孙悟空机灵，躲过了炉中的火，却被烟熏出了一对火眼金睛。后来在取经路上，孙悟空又遇到了善用三昧真火的红孩儿，悟空虽然不怕火，却怕红孩儿喷出的烟。当时悟空眼睛被黑烟迷住，又浑身着火，心中焦躁，于是就跳进冷水里灭火。谁知他一跳进冷水，火气攻心，晕了过去。最后孙悟空全靠猪八戒施展各种急救措施才得救。

过关题典

一、选择题

红孩儿的大号叫（　　）

A. 圣火大王　　B. 圣婴大王　　C. 婴火大王

二、填空题

《西游记》中招安孙悟空，劝孙悟空上天的神仙是____________，把孙悟空投入八卦炉中炼成火眼金睛的神仙是____________。

三、阅读理解

六臂哪吒太子，天生美石猴王，相逢真对手，正遇本源流。那一个蒙差来下界，这一个欺心闹斗牛。斩妖宝剑锋芒快，砍妖刀狠鬼神愁；缚妖索子如飞蟒，降妖大杵似狼头；火轮掣电烘烘艳，往往来来滚绣球。大圣三条如意棒，前遮后挡运机谋。苦争数合无高下，太子心中不肯休。

把那六件兵器都教变，百千万亿照头丢。猴王不惧呵呵笑，铁棒翻腾自运筹，以一化千千化万，满空乱舞赛飞虬。唬得各洞妖王都闭户，遍山鬼怪尽藏头。神兵怒气云惨惨，金箍铁棒响飕飕。那壁厢，天丁呐喊人人怕；这壁厢，猴怪摇旗个个忧，发狠两家齐斗勇，不知那个刚强那个柔。

1. 请简述上文中的故事。

2. 上文运用了文学创作中一种常用的表现手法，请具体说明。

3. 上文运用了什么修辞手法？

走失人口也能搅翻天

黄眉大王

人家都去享受生活了，凭什么就我还在原来的岗位？

弥勒佛

我是最开心的人，负责笑。

唐僧

我是一点办法也没有。

黄眉大王

敲磬槌变狼牙棒！给我打！

二十八星宿

快随老猪去救大圣。

孙悟空

妈呀！可算得救了。

弥勒佛

你们的苦难还没有受完。敲磬的童子不过是个走失的孩子罢了。

《西游记》悬疑

※敲磬的童子能有多大的本事？其实还不是因为人家的主人厉害。

释疑故事

黄眉大王趁弥勒佛不在家时，偷了金铙、后天人种袋下界成精，并设下假雷音寺诱使唐僧师徒上当。黄眉大王将孙悟空扣入金铙，唐僧等束手被擒。后来猪八戒请来二十八星宿，孙悟空方得脱身。在与黄眉大王大战中，众神仙都被收入后天人种袋，无奈之下孙悟空请来弥勒佛，在西瓜田里设下巧计，终于擒住了黄眉童妖。

刨根问底

黑水河神府妖怪——鼍（tuó）龙怪。
车迟国国都妖怪——虎力大仙、鹿力大仙、羊力大仙。

引申词释义

张皇失措——张皇：慌张；失措：举止失去常态。惊慌得不知怎么办才好。
作恶多端——做了许多坏事。指罪恶累累。

说文解字

取经要知道：花容月貌——形容女子的美丽。《西游记》第六十二回记载了“那公主花容月貌，有二十分人才。”

聆音察理——听到声音就能明察事理。指擅长分析。《西游记》第十四回记载了“我老孙颇有降龙伏虎的手段，翻江搅海的神通；见貌辨色，聆音察理。”

细挖《西游记》

原著中有一场惊天赌局，参与者是如来佛祖与孙悟空，如来佛祖提出如果孙悟空能翻出他的手掌心，那么他就让玉帝搬到灵山，由孙悟空坐镇凌霄宝殿。结果猴子翻了很多筋斗也没有翻出去，如来佛祖获胜。

西游趣谈

孙悟空

都是师傅不听话，非要走出我画的圈子。

独角兕大王

你画的圈子有我主人的这个圈子厉害吗？

太上老君

就是，这个金刚圈还打过你的猴头呢！

观音菩萨

本来应该用我的玉净瓶打的，被老君抢先了，好气哦。

金鱼精

菩萨的法宝可厉害了，我都敌不过一个花篮，猴子肯定也挨不过一个瓶子。

孙悟空

你们能考虑一下我的感受吗？另外你们能不能管好自己的坐骑？

《西游记》另类悬疑

※在收服金鱼精后，孙悟空提议让陈家庄老小都来参拜观音菩萨，在取经路上孙悟空学会了不少人情世故。

大语文拓展

1.人物鉴赏

独角兕大王

独角兕大王和孙悟空的实力不相上下，两个人在打斗了几十个回合后互相称赞对方的武艺高超。独角兕大王一旦打不过或者不想打了，就把金钢琢拿出来，这样就把所有人的武器都收走了。无奈之下孙悟空找到太上老君，才最终收服了独角兕大王。

2.《西游记》冷知识

金鱼精听从手下建议，将唐僧藏进一个石匣中，盖在中间，这才避免了唐僧被误伤。

3.歇后语

土地爷管龙王——以上压下

孙悟空的帽子——戴上容易卸下难

4.冷知识探真

孙悟空被大鹏收进了阴阳二气瓶，瓶中三条火龙将他烧得无可奈何，此时孙悟空发现只有尾巴上的三根毫毛依旧硬挺。

过关题典

一、填空题

孙悟空是中国神话小说《西游记》中的人物。他在花果山带领群猴进入__________（地名），被拥戴为“美猴王”。他又从东海龙宫抢得____________作为兵器。大闹天宫后，被____________（人物）降伏并压在五行山下，五百年后被唐僧救出。

二、选择题

选出对《西游记》的情节表述不准确的一项（　　）

A. 菩提祖师收石猴为徒，为他取了法名孙悟空，教了他长生不老的秘诀，又把七十二般变化、腾云驾雾和“筋斗云”的口诀都传授给他。

B. 大圣打赌能跳出佛祖的手掌心，结果只在佛祖手指上留下“齐天大圣，到此一游”八字，之后被佛祖翻掌压在“五行山”下，直到唐僧取经路过相救，方才重获自由。

C. 王母娘娘设“蟠桃大会”，因前来邀请的仙女嘲笑大圣相貌丑陋，大圣一时生气，大闹瑶池，偷吃了仙酒，打伤太上老君，抢走了葫芦金丹。

D. “三打白骨精”一段，妖怪变换花样化装成好人，唐僧不知好歹一味大发慈悲，只有孙悟空保持着清醒的头脑，与白骨精战斗到底，最终取得了彻底的胜利。

三、综合题

阅读名著《西游记》，完成下面的问题。

请你把以下情节按照时间先后的顺序排列：________________（只填序号）

①三打白骨精

②大闹天宫

③天竺擒玉兔

④三借芭蕉扇

第六章

真金不怕火

孙猴巧行医

赛太岁

金圣宫娘娘真美！

朱紫国国王

为了百姓，我没办法啊！

孙悟空

不能任由妖怪猖狂！

东海龙王敖广

我吐口唾沫！

金圣宫娘娘

感谢大圣的救命之恩！

唐僧

我们还要赶路，陛下，先就此别过了。

朱紫国国王

返程若还经过这里，一定要小住几日，让我略表心意。

《西游记》悬疑

※赛太岁真能赛过太岁？紫金铃灵不灵？

释疑故事

朱紫国国王将金圣宫娘娘推出海榴（liú）亭外，看着妖怪将夫人强掠而去。朱紫国国王为此着了惊恐，况又昼夜忧思不息，所以成此苦疾三年。唐僧师徒路过此地，孙悟空巧行医，炼成乌金丹，并唤来东海龙王敖广，一口津唾，化作甘霖，是为药引——无根水。孙悟空打退赛太岁的先锋，问明妖怪的情况，继而打杀妖怪的心腹，变化成"有来有去"，混进妖洞，探明了妖怪虚实。随之变化成金圣宫娘娘的贴身女婢春娇，偷得妖怪的宝贝紫金铃，最终战胜了妖怪。

刨根问底

通天河水鼋之第的妖怪——灵感大王

金兜山金兜洞的妖怪——独角兕大王

引申词释义

拙口钝腮——比喻嘴笨，没有口才。

做一日和尚撞一日钟——俗语。比喻遇事敷衍，得过且过。也有无可奈何、勉强从事的意思。

说文解字

取经要知道：浑然无知——形容糊里糊涂，什么都不知道。《西游记》第九十九回记载了“那贼浑然不知，不言不语。”

细挖《西游记》

泾河龙王与袁守诚打赌：看袁守诚算的降雨时辰与雨量是否与事实相符。结果泾河龙王擅自修改了时辰与雨量，赢了赌局，触犯了天条，被人曹官魏徵斩首。

泾河龙王可以杀了袁守诚，但他不能这样做。因为如果他这么做了，就会耽误如来佛祖的取经计划，其实泾河龙王是取经计划当中的一环，如果没有他，李世民就无法经历地府一日游，那他就不会萌发西天取经的念头，这样取经的任务就没法开展了。

西游趣谈

百眼魔君

我有一千只眼睛，能顶你们五百个人。

孙悟空

我真是无语了。

骊山老母

毛猴子，你快去紫云山千花洞请菩萨来。

毗蓝婆菩萨

金光罩，速速就擒!

菩提祖师

毛猴子当年选了七十二变本领真是个正确的决定。

孙悟空

我啥时候不正确过?

《西游记》另类悬疑

※上界天蓬元帅被贬下凡，错投胎到了母猪肚子里。一生出来，猪八戒就咬死了母猪，吃人度日。云栈洞的兔子精卯二姐见他有些武艺，就招他为婿，结果成亲不到一年，卯二姐就死了。

大语文拓展

1.人物鉴赏

百眼魔君

百眼魔君又叫“多目怪”，住在黄花观，常祸害百姓。多目怪长了一千只眼睛，每只眼睛都金光四射，让人不敢靠近，也后退不得，就像被罩在无形的光网之中，这让神通广大的孙悟空也毫无办法。幸亏得骊山老母指点，孙悟空驾云到紫云山千花洞，请来了毗蓝婆菩萨，破了多目怪的金光罩，救出了唐僧、八戒和沙僧。经毗蓝婆菩萨施展法术，多目怪现出原形，原来它是条七尺长的蜈蚣。

2.《西游记》冷知识

孙悟空变成松树后，就被逐出了师门。

3.歇后语

猴子放爆竹——自放自惊

猪八戒招亲——黑灯黑人

4.冷知识探真

孙悟空学会大品天仙诀之后，担心躲不过三灾，于是央求菩提祖师教授自己变化之术，菩提祖师让他在天罡三十六变或者地煞七十二变中选择一种，他选择了后者。

过关题典

一、简答题

“神魔皆有人情，精魅亦通世故。”（鲁迅语）《西游记》刻画的众多神魔精魅都具有人的情感。请举一例，具体说明这一特点。

二、选择题

乌鸡国王死了三年，因为（　　）而容颜不坏。

A. 王后送的定颜珠

B. 龙王用定颜珠定住

C. 孙悟空喂他定颜珠

三、阅读理解

话表齐天大圣被众天兵押去斩妖台下，绑在降妖柱上，刀砍斧剁，枪刺剑刳，莫想伤及其身。南斗星奋令火部众神，放火煨烧，亦不能烧着。又着雷部众神以雷屑钉打，越发不能伤损一毫。那大力鬼王与众启奏道：“万岁，这大圣不知是何处学得这护身之法，臣等用刀砍斧剁，雷打火烧，一毫不能伤损，却如之何？”玉帝闻言道：“这厮这等，这等……如何处治？”太上老君即奏道：“那猴吃了蟠桃，饮了御酒，又盗了仙丹。我那五壶丹，有生有熟……

1. 上文描写的是什么情景？

2. 作者写上文的目的是什么？

我是谁

孙悟空

你们虽然都叫我美猴王。可我到底是谁？来自哪里？要去哪里？

群猴

您是我们的大王啊！

菩提祖师

给你取个名字吧，就叫孙悟空！

混世魔王

一群小猴子，都给我一边儿去！

孙悟空

我美猴王回来了！你敢欺负我的猴子猴孙？

混世魔王

就欺负了，你算老几？

孙悟空

看你猴爷爷怎么收拾你！

《西游记》悬疑

※美猴王到底美不美？心灵美才是真的美！

释疑故事

仙石迸裂，化出石猴。石猴找到安家的好地方——水帘洞，群猴尊石猴为美猴王。美猴王为寻找长生不老的仙方，独自驾筏，漂洋过海，来到一个渔村。他拾得衣衫，偷来鞋帽，并去饭馆饮酒、吃面。猴王一路寻访，终于登上灵台方寸山，在斜月三星洞拜见了菩提祖师。菩提祖师为他取名“孙悟空”。从此孙悟空参禅悟道，学习武艺，掌握了七十二般变化等本领。在孙悟空外出学艺时，花果山群猴却面临危难，混世魔王险些霸占水帘洞。等到孙悟空驾云归来，便与混世魔王展开了一场厮杀。

刨根问底

毒敌山琵琶洞的妖怪——蝎子精。
翠云山芭蕉洞的妖怪——铁扇公主。

引申词释义

比众不同——与大家相比，大不一样。
不分胜负——分不出谁胜谁负。形容竞赛双方水平、技术相当。

说文解字

取经要知道：七窝八代——詈（lì）辞，指全部眷属家族。《西游记》第二十二回记载了“却只怕那水里有甚么眷族老小，七窝八代的都来，我就弄他不过。”

细挖《西游记》

猪八戒刚被贬下凡间的时候，人生地不熟，总要找一个落脚的地方，刚好碰到了云栈洞的主人卵二姐，卵二姐见了猪八戒后便要和他拜堂成亲，猪八戒需要一个落脚的地方，所以就同意了，从此猪八戒就有了一个正妻。

本来，猪八戒投胎后应当是人身，是他自己不小心“错投了猪胎”，八戒恼恨，一口气把母猪与众小猪全部咬死。然后猪八戒就进山做了妖怪。猪八戒虽然神通广大，可是天性好吃。

那福陵山中人迹罕至，虽然八戒四处搜罗人吃，却总是半饥半饱。正在此时，一个叫卵二姐的人（妖）凭空出现。据八戒自己说，因八戒武艺高强，卵二姐便招他当了上门女婿，并且请他做家长。卵二姐颇有家财，猪八戒生活无忧，很是快活。可惜，不到一年工夫，卵二姐竟死了，而她的全部家产就落到了猪八戒身上。猪八戒坐吃山空没几年，家当败光，只能又出来吃人。

听完八戒这番话，观音菩萨点点头，告诉八戒：“汝若肯归依正果，自有养身之处。世有五谷，可以济饥，为何吃人度日？”言下之意，只要八戒肯加入佛门，加入取经队伍，她管饱！

西游趣谈

唐僧

终于不辱使命！

李世民

欢迎御弟！

如来佛祖

你们圆满完成任务，恭喜！

沙僧

我这鲁班出品的宝杖差点丢了。

孙悟空

我是佛！

铁扇公主

我这里都能烤熟鸡蛋了。

吴承恩

我的作品就是精品！我骄傲！

《西游记》另类悬疑

※沙僧的宝杖是吴刚将月宫里梭罗树砍下一枝，并由鲁班打造而成，是神品中的精品。

大语文拓展

1.人物鉴赏

白鹿精

白鹿精本是南极寿星的坐骑，一日趁寿星不注意，偷得寿星的蟠龙拐杖下凡为妖，并收狐狸精为女儿，把她献给了比丘国国王，自己当了国丈。后来他用小孩心肝作为药引子，以求千年不老。唐僧看见于心不忍，让孙悟空解救无辜的孩童。孙悟空神勇无比，白鹿精哪里敌得住神出鬼没的如意金箍棒。悟空、八戒齐心协力，一起成功捣毁了妖精的魔穴，当他们正要打杀鹿精变成的国丈时，南极寿星赶到，迫使国丈现出白鹿的本相，最终收服了白鹿。

2.《西游记》冷知识

取到真经后的唐僧师徒不仅得到了如来佛祖的肯定，取经团队中的每个人也都得到了自己的封号，还受到李世民的封赏。

3.歇后语

猪八戒戴耳环——自以为美

4.冷知识探真

观音菩萨不但收服了金鱼精，还把金鱼精的帮凶尽数铲除，那些帮凶就是“水怪鱼精”。

过关题典

一、简答题

写出孙悟空一借芭蕉扇的主要经过：

二、选择题

金角大王和银角大王原来是（　　）的弟子。

A. 太上老君　　　　B. 孙悟空　　　　C. 观音菩萨

三、阅读理解

（　　　　）执着扇子，行近山边，尽气力挥了一扇，那火焰山平平息焰，寂寂除光；行者喜喜欢欢，又扇一扇，只闻得习习潇潇，清风微动；第三扇，满天云漠漠，细雨落霏霏。

1. 在上文括号内填入作品中的相关人名。

2. 这段文字出自（　　　　）的《西游记》，是_______________故事中的结局部分。

没当过官儿还嫌官儿小

仙石
该我出山了！

佛祖
那就变个猴子吧。

石猴
我是谁？我爸妈在哪儿呢？

花果山
这里就是你的家。

群猴
你是我们的猴王！

玉帝
赐你个官儿！

武曲星君
忽悠毛猴子真有趣！

《西游记》悬疑

※孙悟空一点儿也不知道自己的使命是什么？只是奉命行事？

释疑故事

美猴王战胜了混世魔王后，花果山上喜气扬扬，小猴儿们每日操练武艺，十分快乐。后来孙悟空闯入东海龙宫，向龙王索取定海神针——如意金箍棒，这棒虽重一万三千五百斤，却大可撑天着地，小可变针，藏入耳内。一日孙悟空酒醉睡去，忽见两个阴差前来索命，于是孙悟空大闹阎罗殿，命判官取出生死簿，一笔勾去了所有猴类的生年死月。龙王、阎王到玉帝处告状，玉帝派太白金星下界招抚猴王，请他上天做官。孙悟空欣然前往，在武曲星君的捉弄下，玉帝封他做了弼马温。当孙悟空意识到自己不过是个马夫后，大怒之下回到花果山，扯起大旗，自称“齐天大圣”。玉帝非常生气，命托塔李天王与哪吒率领天兵神将，杀向花果山。

刨根问底

积雷山摩云洞的妖怪——牛魔王、玉面狐狸。
乱石山碧波潭的妖怪——九头虫。

引申词释义

不管一二——不论是非情由，不顾后果。
擦掌磨拳——形容准备动武，准备动手干或焦灼不安的样子。

说文解字

取经要知道：登界游方——登上天界，游历四方，指周游世界。《西游记》第一回记载了“猴王叩头道‘弟子飘洋过海，登界游方，有十数个年头，方才访到此处。’”

细挖《西游记》

小说中唐僧取得真经回到大唐时是贞观二十七年（653 年），可历史上唐太宗在位时间只到贞观二十三年（649 年），所以作者在太宗游幽冥地府时为他添了二十年阳寿。

西游趣谈

乌巢禅师

我本想培养猪八戒！

猪八戒

谁稀罕你那破地方！

土地公公

我虽没啥本事，可我真心一片啊！

高翠兰

我本来有份好工作，谁知那天蓬元帅连累了我。

观音菩萨

八戒，休要得意，还不去照照镜子。

猪八戒

我得戴上老花镜，眼神不好。

《西游记》另类悬疑

※高翠兰就是月宫中的霓裳仙子。当年猪八戒闯入广寒宫调戏嫦娥，这里的嫦娥并非后羿之妻，而是广寒宫的仙子职位，是一群月宫仙女。

大语文拓展

1.人物鉴赏

土地公公

《西游记》中的土地公公登场了三十六次，最早从孙悟空大闹蟠桃园开始，一直到唐僧师徒取得真经，其间有很多次土地公公都帮了大忙。在孙悟空被压在五行山的五百年间，多亏了土地公公的照顾，孙悟空才得以支撑下来。孙悟空饿了，土地公公就会喂他吃铁丸，孙悟空渴了，就给他喝铜汁。正是有这层关系在，所以孙悟空和土地公公的关系十分亲近。

2.《西游记》冷知识

乌巢禅师住在乌巢内，曾经想让猪八戒跟他修行，猪八戒没同意。乌巢禅师曾在树林中向唐僧授予心经，而这篇经文是佛法的精髓。

3.歇后语

西游记剧组开会——**聚精会神**

4.冷知识探真

如来佛祖交给观音菩萨的头箍一共有三个，分别是金箍、紧箍、禁箍，对应的也有“金箍咒”“紧箍咒”“禁箍咒”三个不同的咒语。观音将紧箍和咒语都传给了唐僧，用来收服孙悟空，那么剩下两个头箍去哪里了呢？在西天取经的路上，观音用禁箍收服了黑熊精，让他做了自己的守山神将；用金箍收复了圣婴大王红孩儿，让他做了自己身边的善财童子。

过关题典

一、阅读理解

那仙长奏准君王，把我们画了影身图……各府州县乡村店集之方，都有一张和尚图，上面是御笔亲题……所以走不脱。且莫说是和尚，就是剪鬃、秃子、毛稀的，都也难逃。

却说沙僧眼溜，看见头底，暗把八戒捏了一把，说道："斯文！"八戒着忙，急的叫将起来，说道："斯文！'斯文！''斯文！'肚里空空！"沙僧笑道："二哥，你不晓的。天下多少'斯文'，若论起肚子里来，正替你我一般哩。"

1. 上文中的语言具有什么特点？

2. 上述语言特点的作用是什么？

二、选择题

"师兄是个有仁有义的君子，君子不念旧恶，一定肯来救师父一难"，唐僧被变作老虎，(　　) 提议去找孙悟空救师父？

A. 猪八戒　　B. 沙悟净　　C. 白龙马

三、填空题

从________出来的妖怪黄风怪、蝎子精、黄眉怪都具有超凡本领。其中的__________原本是______________________，因一心向佛才下了凡间。

四、问答题。

阎王一共有几个？

第七章

避其锐气，击其惰归

天意为之结师徒

孙悟空

我谁也不怕，我是你猴爷爷！

唐僧

我奉旨取经，需要组建团队。

如来佛祖

你们有事去找观音解决。

六强盗

咱们干一票大的！

观音菩萨

我变个样子，送你顶小花帽。

小白龙

我把毛猴子揍了一顿。

孙悟空

菩萨，你送我这顶小花帽还真好看。

《西游记》悬疑

※唐僧是按照预定路线去取经，那么这些徒儿是在路上等着他还是偶遇的呢？

释疑故事

猴王不服天庭管教，大闹天宫后被压在五行山下。唐僧路经五行山，揭起如来佛祖的压帖，救出悟空，之后孙悟空便保护唐僧去西天取经。一日，路旁忽然闯出六个强盗，孙悟空打死全部匪徒，唐僧责怪他杀生，孙悟空赌气离开了唐僧。之后唐僧独自一人前行，路遇观音，观音赠他织锦花帽，并传授其紧箍咒。在东海老龙王的劝导下，孙悟空回心转意，回到了唐僧身边。师徒继续西行，一日行走时只见旁边的涧中一声响，钻出一条龙来，唐僧骑的白马瞬间不见了踪影。孙悟空为寻马找到了鹰愁涧的小白龙，双方发生恶战。

刨根问底

七绝山稀柿衕（tòng）的妖怪——红鳞大蟒
麒麟山獬豸（xiè zhì）洞的妖怪——赛太岁

引申词释义

呼来喝去——呼、喝：大声喊叫。呼之即来，喝之即去。形容随意驱使。
急处从宽——在紧急情况下并不紧张。

说文解字

取经要知道：魂飘魄散——同“魂飞魄散”，形容非常恐惧害怕。《西游记》第三十八回记载了“娘娘见说，魂飘魄散，急下亭抱起，紧搂在怀。”

拿贼拿赃——捉贼要查到赃物做凭证。《西游记》第三十八回记载了“常言道拿贼拿赃，那怪物做了三年皇帝，又不曾走了马脚，漏了风声。”

细挖《西游记》

孙悟空回到花果山教训混世魔王的时候，混世魔王曾说孙悟空的身高不满四尺，而根据史料记载，明代的1市尺大约是32厘米，换算一下，孙悟空身高在1.3米左右。

西游趣谈

观音菩萨

我每天都很忙，不过对取经团队那必须有求必应。

蜘蛛精

咱们抢了那七仙女的澡堂子！

七仙女

哪儿来的坏蛋啊？

唐僧

我饿了，我去化斋。

孙悟空

你们是谁？敢抓我的师傅？

蜘蛛精

我们想玩就玩，你管得着吗？

《西游记》另类悬疑

※在《西游记》中，观音菩萨经常出现。观音菩萨精心组织了取经团队，她作为一个桥梁式的人物，是连接仙界和凡间的中间人，此外她还是如来佛祖身边的协助者。

大语文拓展

1.人物鉴赏

蜘蛛精

蜘蛛精出现在《西游记》第七十二回“盘丝洞七情迷本 濯垢泉八戒忘形”中，七只蜘蛛修炼成精，夺了七仙女洗澡的濯垢泉。唐僧化斋走错地方，误入了盘丝洞，被蜘蛛精抓了起来。孙悟空为救唐僧最后把蜘蛛精都给灭了。这些蜘蛛精虽然容颜美貌、诡计多端，但无背景、战斗力不强。

2.《西游记》冷知识

天蓬元帅真君、天猷（yóu）副元帅真君（天佑副帅）、翊（yì）圣保德真君（黑煞将军）、灵应佑圣真君（真武将军）统称北极四圣。

3.歇后语

猪八戒掉进万花筒——**丑态百出**

猴子唱大戏——**胡闹台**

4.冷知识探真

锦襕袈裟上原本有如意珠、摩尼珠、辟尘珠、定风珠、红玛瑙、紫珊瑚、夜明珠、舍利子。而经过黑熊精的手之后，袈裟上少了**辟尘珠**和**定风珠**。

过关题典

一、列举题

《西游记》除了塑造唐僧师徒四个形象，还写到许多神仙，请列出几个。

二、选择题

关于《西游记》的情节描述，下列说法错误的是（　　）。

A. 蝎子精是被昴日星官收服的　　B. 托塔天王和哪吒太子制服了老鼠精

C. 玉兔精是被太阴星官带走的　　D. 白骨精最后得道成仙了

三、填空题

一条铁棒无人敌，打遍西方万里游。那杆长枪真对手，永镇金阙称上筹。相遇这场无好散，不见高低誓不休。这铁棒是________的武器，叫________。

四、阅读理解

有的说水远山高，有的说路多虎豹；有的说峻岭陡崖难度，有的说毒魔恶怪难降。三藏拑口不言，但以手指自心，点头几度。

1. 上文说的是什么情景？

2. 上文中第一句话说的是什么内容？

3. 把上文两句话连起来，你读出了什么含义？

小白龙可不是一般龙

唐僧

这里就是蛇盘山了。

孙悟空

你是何等妖孽？敢吃我们的马！

小白龙

我是你龙爷爷！

观音菩萨

小白龙，你去给唐僧当坐骑。

小白龙

我的脚力还可以，您坐稳了啊！

《西游记》悬疑

※龙当坐骑？龙代替马？

释疑故事

唐僧、孙悟空师徒二人途经蛇盘山，马匹被鹰愁涧中的小白龙吞食。唐僧得知自己的马匹被妖怪所食，伤心地落下了眼泪。孙悟空在岸上脱口大骂，引出了小白龙，但那龙见自己打不过孙悟空便又逃回了水中，不肯再出来。孙悟空很着急，于是去找观音菩萨。观音告知二人此龙是给唐僧的坐骑。小白龙原来是西海龙王敖闰的三太子，因纵火烧了玉帝赐的明珠，触犯天条，幸亏大慈大悲的观世音菩萨出面，才幸免于难，被贬到蛇盘山等待唐僧西天取经。

刨根问底

筋斗云——筋斗云乃天地间第一飞行之术，一个跟斗便可远去十万八千里。
狮驼岭狮驼洞的妖怪——青毛狮子怪、黄牙老象怪、金翅大鹏雕。

引申词释义

蛟龙戏水——比喻刀枪棍棒等武器使得轻松自如，灵活多变。形容武艺精湛纯熟。
金碧辉煌——形容建筑物等非常华丽。

说文解字

取经要知道：左邻右舍——左右的邻居。《西游记》第十八回记载了“云来雾去，走石飞砂，唬得我一家并左邻右舍，俱不得安生。”

心虔志诚——内心虔诚恭敬。《西游记》第九十九回记载了“委的心虔志诚，料不能逃菩萨洞察。”

细挖《西游记》

孙悟空在太上老君的八卦炉中被烧了七七四十九天，他躲在八卦中的巽位，即炼丹炉的风口，此处有风无火，但风搅动的烟把他的双眼熏红了，从而炼就了火眼金睛。从此他可以看穿妖怪、神仙所化凡人以及他人难以看到的景象，这一点唐僧、八戒和沙僧是办不到的。

西游趣谈

孙悟空

我这一双慧眼可是在炼丹炉里给烧出来的。

太上老君

可惜没烧死你。

沙僧

我的宝贝项链哪儿去了？

唐僧

你们都不觉得热吗？

空调

我可是今年的大断货王。

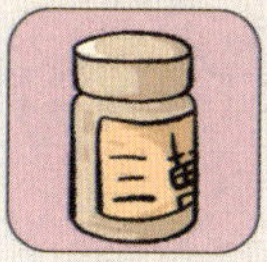

三黄片

我给你们下下火！

花露水

我来给你们防蚊！

《西游记》另类悬疑

※玄奘是金蝉子十世，在渡过流沙河后，沙僧的那九个骷髅做成的项链化成黑烟消失了。

大语文拓展

1.人物鉴赏

“千里眼”和“顺风耳”

在《西游记》中，“千里眼”和“顺风耳”是玉皇大帝御前的小神，负责巡查人间善恶。在中国神话中，千里眼、顺风耳（桃精、柳鬼）是两位守护神。这两位小神分别拥有特异功能，千里眼能够看到千里之外的物体，顺风耳则能听到千里之外的声音。

2.《西游记》冷知识

真武大帝不亲赴现场擒拿黄眉大王，是因为他早就看出黄眉大王是弥勒佛的人。

3.歇后语

猴子爬竹竿——上蹿下跳

猴子长角——出洋相

4.冷知识探真

孙悟空见三清，称个“老”字；逢四帝，道个“陛下”。与九曜星、五方将、二十八宿、四大天王、十二元辰、五方五老、普天星相、河汉群神则以弟兄相称。

过关题典

一、选择题

孙悟空被压在三座大山之下，脱身后，变成老道士，在（　　）的帮助下，用假葫芦换了妖怪装人的真葫芦。

A. 山神　　B. 土地　　C. 揭谛　　D. 哪吒

二、谚语理解

俗语云："尿泡虽大无斤两，秤铊虽小压千斤。"他们相貌空大无用，走路抗风，穿衣费布，种火心空，顶门腰软，吃食无功。咱老孙小自小，筋节。

请简述你对上文的理解。

三、阅读理解

三藏把行者扯住，悄悄的道："徒弟，莫要与人斗富。你我是单身在外，只恐有错。"行者道："看看袈裟，有何差错？"三藏道："你不曾理会得。古人有云：'珍奇玩好之物，不可使见贪婪奸伪之人。'倘若一经入目，必动其心；既动其心，必生其计。汝是个畏祸的，索之而必应其求，可也；不然，则殒身灭命，皆起于此。事不小矣。"

上文说明了什么？

万事开头难

唐僧

这是什么情况？

老虎

我要吃了你！

毒蛇

哪里跑？

毒虫

看来今天能开荤了。

猎户

长老，祝您一路平安！

鞑靼边民

欢迎唐长老！

唐僧

我已经到了鞑靼地界了，刚才可把宝宝吓坏了。

《西游记》悬疑

※世上越有价值的事做起来越难。

释疑故事

唐僧独自骑着马，忽然看见前面有两只凶恶的老虎，周围还有毒蛇、毒虫等。突然一个手拿钢叉、腰挂弓箭的大汉从山坡上走了过来。唐僧连忙叫道：“大王救命！”那大汉说：“我哪里是什么大王，只不过是一个猎户，叫刘伯钦。”刘伯钦请唐僧到家中做客。唐僧又为刘伯钦的亡父超度了亡灵。第二天，刘伯钦送唐僧上路。当他们走到半山腰，刘伯钦站住说：“长老，前面就要到两界山了，山东边归大唐管，山西边是鞑靼的疆域，我不能过去，您自己走吧，一路上可要多加小心啊！”

刨根问底

柳林坡清华洞的妖怪——白鹿精。
陷空山无底洞的妖怪——金鼻白毛老鼠精。

引申词释义

密密层层——比喻满布得没有空隙。
弄嘴弄舌——弄：玩弄，卖弄。犹言耍嘴皮子。形容卖弄口舌或搬弄是非。

说文解字

取经要知道：蝼蚁贪生——蝼蚁：蝼蛄和蚂蚁。蝼蛄和蚂蚁那样的小虫也贪恋生命。旧指乞求活命的话，有时也用以劝人不可轻生。《西游记》第七十六回记载了“万望大圣慈悲，可怜蝼蚁贪生之意，饶了我命，愿送你师父过山。”

骨软筋麻——形容精疲力尽的样子；形容极其害怕的样子。《西游记》第十一回记载了“众臣悚惧，骨软筋麻。战战兢兢，痴痴哑哑。”

细挖《西游记》

流沙河中妖怪径抢唐僧，八戒、悟空去战，妖怪钻入水中，不肯上岸。悟空不善水战，在水下奈何不了那妖怪，便派八戒下水与之一战。八戒执九齿钉耙与之三次相斗，均不能取胜。但八戒很聪明，他佯装不敌，败退下来，引诱其从水里出来，最终取胜。

西游趣谈

孙悟空

一有事就得我老孙出面解决。

梅山六兄弟

我们和二郎神义结金兰。

二郎神

以后咱七兄弟一起干事业。

孙悟空

我啥也不怕！

猪八戒

其实你水战不行。

《西游记》另类悬疑

※作者分别用“金公”“木母”“黄婆”来指代孙悟空、猪八戒、沙僧。“木母助威征怪物，金公施法灭妖邪”讲的是孙悟空和猪八戒制服艾叶花皮豹子精的故事；“禅主吞餐怀鬼孕，黄婆运水解邪胎”讲的是唐僧和猪八戒在女儿国怀孕，孙悟空为他们找到落胎泉水的故事。

大语文拓展

1.人物鉴赏

梅山六兄弟

梅山六兄弟是辅佐二郎显圣真君（二郎神）的六位神仙。分别是：康、张、姚、李四太尉，郭申、直健二将军。梅山六兄弟本为七兄弟，号梅山七圣。《西游记》中改为梅山六兄弟，并将二郎神加入七圣队伍中，此六兄弟和二郎神义结金兰后并称“七圣”。

2.《西游记》冷知识

孙悟空搬救兵的时候，首先想到的是找比自己更强的人，所以他常常一遇到麻烦就找观音菩萨。

3.歇后语

孙大圣拔猴毛——看我七十二变

4.冷知识探真

孙悟空因借扇问题与牛魔王发生了冲突，多番打斗均降伏不了牛魔王，于是请来外援，在托塔天王李靖父子到达现场后，终于降伏了牛魔王。

过关题典

一、选择题

银角大王变作一跌折腿的道士躺在路上，唐僧让（　　）将其背起。

A. 孙悟空　　B. 猪八戒　　C. 沙悟净

二、谚语理解

行者笑道："师父说那里话。自古道：'山高自有客行路，水深自有渡船人。'岂无通达之理？可放心前去。"

上文体现了孙悟空的什么性格特点？

三、阅读理解

行者笑道："贤弟呀，这桩儿我不敢说嘴。水里勾当，老孙不大十分熟。若是空走，还要捻诀，又念念'避水咒'，方才走得；不然，就要变化做甚么鱼虾蟹鳖之类，我才去得。若论赌手段，凭你在高山云里，干甚么蹊跷异样事儿，老孙都会；只是水里的买卖，有些儿榔杭。"

请根据上文简要分析下孙悟空的特点。

门神紧急上岗

唐太宗

我乃唐王！

魏徵

保唐王乃我毕生职责。

尉迟恭

啥恶鬼敢靠近我？

秦琼

我来守门！

崔珏（jué）

咱这判官不是白当的！给你加20年阳寿。

唐太宗

我还阳了，两位武门神功不可没！

《西游记》悬疑

※魏徵一向靠进谏闻名，其实在《西游记》里他还有天界的官职。

释疑故事

唐太宗为了不让魏徵杀龙王，留他在宫里下棋。其实这件事的起因是泾河龙王和袁守诚打赌，结果泾河龙王私改天庭圣旨，天庭便让武曲星转世的唐朝宰相魏徵去斩泾河龙王以正天规。可唐太宗没想到魏徵在与他下棋的过程中打了个盹儿，在睡梦中就把泾河龙王给斩了。唐太宗因为食言，夜里不断受泾河龙王的鬼魂搅扰，于是请尉迟恭和秦琼把前门，魏徵把后门，但最终也没能免于一死。临死前魏徵给太宗带了一封信给旧友崔珏。最后崔珏改了唐太宗的阳寿，多加了 20 年。

刨根问底

一口钟——也叫一裹圆。即斗篷。一种长而无袖、左右不开衩的外衣。

引申词释义

漂洋过海——意思是指远离家乡，前往海外异国他乡。
铺胸纳地——一种上半身贴近地面的跪拜礼，表示虔敬与隆重。

说文解字

取经要知道：心神不宁——定：安定。指精神状态不安定。《西游记》第三十三回记载了“他就一连打了三个寒噤，心神不宁道：‘徒弟啊，我怎么打寒噤么？’”

细挖《西游记》

唐僧师徒被多目怪困住后，孙悟空在骊山老母的指引下，前往紫云山千花洞，请到了昴日星官的母亲——毗蓝婆菩萨，最终将蜈蚣精降伏，而毗蓝婆菩萨所用的法宝正是从儿子昴日星官的眼睛中提炼出的一根非金、非铜、非铁的绣花针。

西游趣谈

孙悟空

大红公鸡你最牛，快帮我来灭妖怪。

昴日星官

举手之劳！

蝎子精

你们下手太狠了。

如来佛祖

你就不要再说了，你蜇我一下，我的手现在都疼。

孙悟空

原来佛祖也怕蝎子蜇啊，那我平衡了。

多目怪

这就叫一物降一物。

昴日星官

好一个一物降一物，你怕不怕我？

多目怪

这里怎么会有大公鸡啊？我先走了。

《西游记》另类悬疑

※蝎子精在昴日星官的一声鸡叫下现出了原形，瞬间浑身酸软不能动弹了。

大语文拓展

1.人物鉴赏

昴日星官

昴日星官是二十八宿之一。中国古人在观察星空时，将黄道附近的星象划分成28个区域，称之为二十八宿，每个星宿对应一种动物，昴宿对应的动物是昴日鸡。因此昴日星官在《西游记》中才会以大公鸡的形象出现。昴日星官曾经两次帮助唐僧师徒，第一次是亲自出马，制服了女儿国的蝎子精，第二次则是他的母亲毗蓝婆菩萨用在他眼中炼出的绣花针除掉了蜈蚣精多目怪。

2.《西游记》冷知识

唐僧师徒到达小西天后，被黄眉大王擒获，孙悟空侥幸逃脱后去找真武大帝帮忙，可真武大帝之后并没有亲赴现场。

3.歇后语

八戒保媒把把成功——猪连必合（珠联璧合）

猪八戒进女儿国——看花了眼

4.冷知识探真

在狮驼国，孙悟空被装进大鹏的阴阳二气瓶，最后是靠三根救命毫毛才顺利逃脱。

过关题典

一、选择题

孙悟空变成老奶奶进了莲花洞，被（　　）识出走漏了风声。

A. 精细鬼　　B. 伶俐虫　　C. 八戒　　D. 沙僧

二、谚语理解

先锋道：“古人说得好：‘手插鱼篮，避不得腥。’一不做，二不休，左右帅领家兵杀那和尚去来！”

上文中表现了什么?

三、阅读理解

大圣行时，忽见有五根肉红柱子，撑着一股青气。他道：“此间乃尽头路了。这番回去，如来作证，灵霄宫定是我坐也。”又思量说：“且住！等我留下些记号，方好与如来说话。”拔下一根毫毛，吹口仙气，叫：“变！”变作一管浓墨双毫笔，在那中间柱子上写一行大字云：“齐天大圣，到此一游。”写毕，收了毫毛。又不庄尊，却在第一根柱子下，撒了一泡猴尿。

请根据上文分析一下孙悟空的性格特点。

关爱小朋友是必须的

唐僧

终于来到了比丘国。

比丘国国王

我乃病体，愁啊！

白鹿

女婿，你得听我的。

白面狐精

老公，我最爱你！

孙悟空

此乃妖怪！

百姓

跪谢大圣救下我们的孩儿。

《西游记》悬疑

※取经是目的，而取经路上灭妖救人也是一种修行。

释疑故事

唐僧师徒四人去西天取经路上经过比丘国，发现国王被妖魔所缠。昏庸的国王听信妖言，要用一千多个男孩的心肝做药引，为此还传下圣旨，命百姓将小儿装入鹅笼，听候使用。为了搭救孩童，孙悟空深入王宫，识破国丈和国王宠爱的“美后”是白鹿精和白面狐精所变。国丈知道被识破后要把唐僧的心煮了吃。孙悟空施展神威，降伏了白鹿精并打死白面狐精。得知真相的国王羞愧难当，低头认错，一千多个小孩的性命得救了，全城百姓都对唐僧师徒感谢不尽。

刨根问底

竹节山九曲盘桓洞的妖怪——九灵元圣。
青龙山玄英洞的妖怪——辟寒大王、辟暑大王、辟尘大王。

引申词释义

千难万险——形容困难和危险极多。
强龙不压地头蛇——比喻实力强大者也难对付当地的势力。

说文解字

取经要知道：手疾眼快——形容做事机警、敏捷、反应快。《西游记》第四回记载了“原来悟空手疾眼快，正在那混乱之时，他拔下一根毫毛，叫声‘变！’”

翻江搅海——形容水势浩大。多比喻力量或声势特别壮大。也形容吵闹得很凶或事情搞得乱七八糟。《西游记》第二十三回记载了“龙能喷云暖雾，播土扬沙。有巴山捎岭的手段，有翻江搅海的神通。”

细挖《西游记》

龙王在《西游记》里只是司雨的小神，泾河龙王只是稍微违反天条就死于斩龙台。泾河龙王曾求李世民保住自己的性命，但李世民却没能遵守约定，所以后来泾河龙王阴魂不散，多次搅闹皇宫。民间传说，为了保护李世民，秦琼和尉迟恭把守皇宫的前门，魏徵把守皇宫的后门，后来这三个人就都成了民间信仰的门神。人们把秦琼和尉迟恭画像贴在前门，把魏徵画像贴在后门，以此辟邪。

西游趣谈

龙王

我就是个打工人。

伶俐虫

我也只是个小职员。

精细鬼

先让我算计算计。

孙悟空

你们都不是我的对手！

狮驼王

为了我猴哥，宁死不屈！

孙悟空

祭奠下我的狮驼老弟！给你上香！

唐僧

好热啊！快走吧！

《西游记》另类悬疑

※万寿山五庄观大殿只供奉“天地”二字，五庄观是一处道观，本应该供奉三清与玉帝，却只供奉天地。

大语文拓展

1.人物鉴赏

伶俐虫、精细鬼

唐僧师徒四人路经平顶山莲花洞时所遇金角大王和银角大王的手下小妖。伶俐虫与精细鬼作为搭档携带法宝去捉孙悟空，却被孙悟空骗去了两件法宝，这也使得他们的名字充满了喜感和讽刺意味。

2.《西游记》冷知识

狮驼王为了拯救孙悟空被联手镇压，其领地狮驼国的百姓被大鹏所吃，地盘被占，是原著里最惨的大圣之一。

3.歇后语

猪八戒的脊梁——无能（悟能）之辈（背）

猪八戒娶媳妇——背着走

4.冷知识探真

孙悟空被镇压之后，如来佛祖吩咐看押他的人每天给他吃铁丸子、喝铜汁。这可不是奖励孙悟空，而是惩罚他。

过关题典

一、选择题

平顶山妖怪被降后，唐僧师徒正要上路，(　　)来讨要宝贝。

A. 哪吒　　B. 太上老君　　C. 太白金星

二、惯用语理解

行者道："兄弟，你虽无甚本事，好道也是个人。俗云：'放屁添风。'你也可壮我些胆气。"（第七十五回）

上文是如何表现主人公性格的?

三、阅读理解

行者见说得有理，真个不敢动身，只得回心，跪下哀告道："师父！这是他奈何我的法儿，教我随你西去。我也不去惹他，你也莫当常言只管念诵。我愿保你，再无退悔之意了。"三藏道："既如此，伏侍我上马去也。"那行者才死心塌地，抖擞精神，束一束绵布直裰，叩背马匹，收拾行李，奔西而进。

请问上文是给什么做铺垫的?

第八章

逢山开路，遇水叠桥

菩萨也庇护自己的队员

孙悟空

一路西行一路降妖。

蜈蚣精

我要为师妹报仇！

毗蓝婆菩萨

看我的绣花针！

灵吉菩萨

手下留情，它是我的坐骑。

孙悟空

罪恶的黄花观，烧了也罢！

《西游记》悬疑

※孙悟空其实一眼就能认出妖怪，奈何队友常常不给力。

释疑故事

孙悟空打败蜘蛛精后，唐僧师徒继续西行，行路中遇到黄花观便进去休息，蜈蚣精得知唐僧师徒是蜘蛛精的仇人后，便设计用枣子茶毒害唐僧师徒，只有孙悟空没上当。孙悟空请求毗蓝婆菩萨的帮助。毗蓝婆菩萨用在小儿昴日星官眼睛里炼成的绣花针破了蜈蚣精的妖术。灵吉菩萨赶来收走了蜈蚣精，原来它是其坐骑。师徒四人谢别毗蓝婆菩萨后，孙悟空一把火烧了黄花观，收拾好行李和师傅、师弟继续西行。

刨根问底

毛颖山的妖怪——玉兔精。

流沙河——“径过有八百里遥”，也就是说流沙河宽800里。800里等于400千米，最宽的亚马孙河入海口才330千米，可见宽度达400千米的河流在塔克拉玛干大沙漠里根本不存在，是作者虚构的。

引申词释义

热气腾腾——本形容食物或茶水之类热气很盛。后也形容情绪高涨，气氛热烈。

撒诈捣虚——指说谎骗人。

说文解字

取经要知道：钻天入地——形容神通广大，很有方法。《西游记》第三十二回记载了“他是个钻天入地，斧砍火烧，下油锅都不怕的好汉。”

杳无人烟——意思是僻远无人居住。形容荒芜，偏僻。《西游记》第六十四回“师兄差疑了，似这杳无人烟之处，又无个怪兽妖禽，怕他怎的？”

细挖《西游记》

在流沙河时，有妖怪径抢唐僧，八戒、悟空去战，妖怪钻入水中，不肯上岸。悟空去见观音菩萨，观音菩萨让惠岸（木吒）与悟空同去。木吒叫出妖怪悟净，并说明缘由令其归顺唐僧。悟净以颈下骷髅结成法船，渡唐僧过河。后与孙悟空、猪八戒一起保护唐僧西天取经，并被封为“南无八宝金身罗汉菩萨”。

从大唐到西天的取经路上，沙僧一直兢兢业业地挑着担子，看似出了很多力，不像猪八戒，时不时地闹着要回高老庄，但真遇到了妖怪，还是猪八戒出力更多。

西游趣谈

沙僧

我就挑着担子就好！

猪八戒

其实我是想回高老庄的。

孙悟空

你俩别偷懒！

菩提祖师

我懒得管你们，我在修身养性。

巨灵神

小心我用宣花板斧打扁你。

碧波潭龙王

大家别总打架啊！来我这里看看风景。

《西游记》另类悬疑

※在原著中，孙悟空的启蒙老师菩提祖师在孙悟空走下方寸山后就再也没有出现过了，他身处三界之中，却早已脱离三界，不问三界之事。

大语文拓展

1.人物鉴赏

巨灵神

巨灵神任中军统帅托塔李天王帐前先锋。巨灵神使用的兵器是一柄宣花板斧，其体型庞大，身强力壮，舞动起沉重的宣花板斧时灵巧无比。

2.《西游记》冷知识

对《西游记》当中的妖怪来说，如果能被天界神仙或者西方菩萨收服，实际上算是一件好事。所以对于孙悟空帮助观音收复红孩儿一事，牛魔王比较开明，而铁扇公主主要是因为母子分离，思念儿子才迁怒孙悟空的。

3.歇后语

《西游记》剧组开会——聚精会神

孙猴子坐天下——毛手毛脚

4.冷知识探真

孙悟空之所以加入取经队伍，一是以取经作为脱离五行山的交换条件；二是报答唐僧的救命之恩。

过关题典

一、选择题

《西游记》第三十六回“心猿正处诸缘伏 劈破傍门见月明”中描写了一座寺庙，它的名字叫什么？

（　　）

A. 宝林寺　　B. 金山寺　　C. 法门寺

二、惯用语理解

八戒近前道：“师父，你是怎的起哩？‘专把别人棺材抬在自家家里哭！’……他伤的是他的子民，与你何干！”（第七十八回）

上文表现了猪八戒的什么性格特点？

三、阅读理解

原来这猴子一生受不得人气，他见三藏只管絮絮叨叨，按不住心头发火道：“你既是这等说我做不得和尚，上不得西天，不必恁般绪聒恶我，我回去便了！”

上文说明了什么？有什么作用？

早饭吃点啥

唐僧

快起床！咱们一早要赶路。

仆人甲

好困啊，今天早饭吃点啥啊？

仆人乙

不就是那几样么，面筋、芋头……

寅将军

去找好兄弟吃个早点。

熊山君

你看，咱们吃这个怎么样。

特处士

好啊，出门就有东西吃，真好。

《西游记》悬疑

※难道唐僧出发前没有行程规划？他以为只靠凡人就能完成西天取经？

释疑故事

唐僧辞别唐王，到了河州卫，这是大唐的山河边界。唐僧取经心切，天还没亮，他就把两个仆人叫了起来，三人借着月光赶路。忽然一脚踏空，三人和马都摔进了深坑中。正在主仆三人惊慌之时，忽然听见“抓起来！抓起来！”的叫喊声。随着一阵狂风，出现了一群妖怪，主仆三人被抓住了。三藏被吓得魂飞魄散，两个仆人吓得骨软筋麻。这就是唐僧遇到的第一个妖怪——寅将军，寅将军打算用唐僧等人招待他的客人。熊山君说：“今天就选两个吃了吧。”于是寅将军把唐僧的两个仆人剖腹挖心，三人一起吃掉了。

刨根问底

火焰山——维吾尔语称“克孜勒塔格”，意为“红山”，唐人以其炎热曾名为“火山”。

引申词释义

山高水险——比喻前进路上的种种艰难险阻。

停留长智——指事情耽搁久了，就会想出主意来。

说文解字

取经要知道：庸医杀人——庸医：医术低劣的医生。医术低劣的医生误用药物而害人性命。《西游记》第六十八回记载了“我有几个草头方儿，能治大病，管情医得他好便是。就是医杀了，也只问得个庸医杀人罪名，也不该死。”

提心吊胆——形容非常担忧或害怕。《西游记》第十七回记载了“众僧闻得此言，一个个提心吊胆，告天许愿。”

细挖《西游记》

唐高宗李治不断打压父亲留下来的辅政老臣，最终这些老臣在政治舞台上销声匿迹，而玄奘也是不被待见的人物之一。

唐僧去世前他的译经事业并未完成，从印度带回的经书只翻译了一部分，而在他死后，对此毫无兴趣的唐高宗就下令停止译经工作，未翻译出来的经书也被送回大慈恩寺保存，之后再也无人问津。

西游趣谈

黄狮精

你们的宝贝真好！我拿来玩玩。

孙悟空

走哪都有妖怪！真烦人！

猪八戒

我的耙子呢？

沙僧

赶紧给我还回来！

孙悟空

没了兵器，我们要想个法子混进去才行。

沙僧

我们化装进去。

猪八戒

嗯，偷偷地进去，不要打架。

《西游记》另类悬疑

※虽然金箍棒、九齿钉耙、降妖宝杖都是上好的宝物，但在黄狮精偷走这三件兵器后，首先要开的是钉耙会，说明在这三件宝物中，九齿钉耙的外观看起来最神气。

大语文拓展

1.人物鉴赏

玉华县王子

玉华县是天竺国境内的一个郡，当地的郡王是天竺国王的亲戚。郡王有三个王子，都喜好练武，大王子的兵器是齐眉棍，二王子的兵器是钉耙，三王子的兵器是乌油棒，恰好与悟空、悟能、悟净使用的兵器神似。因为机缘巧合，孙悟空等三人就收了三位王子为徒，传授武艺，从而引出了丢失兵器的故事。从这里也能看出，沙僧用的兵器并不是影视剧中经常出现的月牙铲，而是一根像擀面杖一样的短棍。

2.《西游记》冷知识

孙悟空和其他人入水方式不同，他要么是手里捏个避水诀——这样就不能用金箍棒了，要么就是变成鱼虾——同样也不能用金箍棒。

3.歇后语

猪八戒不成仙——全坏在嘴上

猪八戒吃黄连——苦了大嘴的

4.冷知识探真

铁扇公主为了解救牛魔王，甘愿献出芭蕉扇，成功灭了火焰山的大火，唐僧取经团队方得以继续西行取经。

过关题典

一、选择题

唐僧思乡，(　　)以月为喻，为其点明“见佛容易，返故田亦易”之理，唐僧解悟，满心欢喜。

A. 孙悟空　　　B. 八戒　　　C. 沙僧

二、惯用语理解

八戒道：“太师，切莫要‘口里摆菜碟儿’。既然我们许诺，且教你主先安排一席，与我们吃钟肯酒，如何？”

上文表现了猪八戒的什么性格特点？

三、阅读理解

众僧们灯下议论佛门定旨，上西天取经的缘由。有的说水远山高，有的说路多虎豹；有的说峻岭陡崖难度，有的说毒魔恶怪难降。三藏拑口不言，但以手指自心，点头几度。众僧们莫解其意，合掌请问到：“法师指心点头者，何也？”三藏答曰：“心生，种种魔生；心灭，种种魔灭。我弟子曾在化生寺对佛设下洪誓大愿，不由我不尽此心。这一去，定要到西天，见佛求经，使我们法轮回转，愿圣王皇图永固。”

上文说明了唐三藏的什么精神？

舍利子佛宝回家了

僧人

愁死人了！

舍利子佛宝

我想回家睡觉。

万圣老龙王

别冤枉我！

九头虫

偷个东西咋了？管得着吗？

万圣公主

我只爱我老公！

猪八戒

我去引出妖怪！

孙悟空

偷东西是要受到惩罚的！

《西游记》悬疑

※取经路上有各种奇奇怪怪的小国，里面又有各种奇奇怪怪的事，这些都是用来考验取经团队的吗？

释疑故事

孙悟空师徒四人来到祭赛国，几年前一阵血雨过后，寺中塔顶的舍利子佛宝无影无踪。僧人们被罚受苦，沉冤难雪。唐僧和孙悟空想去祭扫一下金光塔，顺便查看一下。当孙悟空踏上云头察看时竟发现了两个小妖在划拳喝酒。孙悟空擒住他们后，得知佛宝被放在碧波潭潭底。孙悟空深入碧波潭，引出了真正盗取国宝的妖怪九头虫。最后借由二郎神的相助，孙悟空变作九头驸马，入潭寻见万圣公主，打败九头虫，设计骗回佛宝。迎回佛宝后金光寺顶重放光芒，祭赛国国王将金光寺改名为伏龙寺。

刨根问底

《大唐三藏取经诗话》中首次提到猴行者（孙悟空原型）以及深沙神（沙僧原型），也首次提到火焰山，当时玄奘看到的生“烟”的“火”应该是新疆的煤田自燃所产生的大火。

引申词释义

武不善作——意思是既动武就不能讲斯文。

心神不宁——形容心情不平静。

说文解字

取经要知道：不管一二——不管是非情由，不顾后果。《西游记》第二十六回记载了“你这猴子，不管一二，到处里闯祸。”

压雪求油——比喻难以做到的事情，或者是不太符合逻辑的努力。《西游记》第二十八回记载了“八戒道：‘莫管。我这一去，钻冰取火寻斋至，压雪求油化饭来。’”

细挖《西游记》

乌鸡国国王的魂魄夜访玄奘的时候说：“我这一点冤魂，怎敢上你的门来？山门前有那护法诸天、六丁六甲、五方揭谛、四值功曹、一十八位护教伽蓝，紧随鞍马。”这护法诸天是二十四位天神，加上六丁六甲、五方谒谛、四值功曹、十八位护教伽蓝，共计是六十三人。

西游趣谈

孙悟空

其实我学艺的时候大部分时间是在打杂。

蟒蛇精

吃人不吐骨头说的就是我。

九齿钉耙

我还欠缺点挖掘功能！

猪八戒

要挖山开路，我现出原形就行了，还能边吃边挖。

唐僧

八戒……你，你离为师远一点……

沙僧

二师兄，你好臭哇！

孙悟空

你臭死了，赶快洗澡去吧！

《西游记》另类悬疑

※七绝山山路长达八百里，山上长满柿子树，每年都能结出许多柿子，这些柿子常年累月都没人摘，最终掉在地上腐烂发臭，堵死了道路。最后是靠猪八戒现出原形，变成一头大白猪，连吃带刨地挖出了一条路，唐僧师徒才得以通过。

大语文拓展

1.人物鉴赏

蟒蛇精

蟒蛇成精手使两杆软柄枪，两只眼睛像灯笼，常在七绝山稀柿衕兴妖作怪，吞吃人畜不吐骨头。蟒蛇精一口吃了孙悟空，而这却正中孙悟空下怀，孙悟空在蟒蛇精的肚子里耍威风，并用金箍棒戳破蟒蛇精的肚皮，使妖精一命呜呼，为当地百姓除了一害。

2.《西游记》冷知识

乌鸡国御花园内，八戒用钉耙掀倒井盖上的芭蕉之后，用嘴拱了三四尺深才见到一个石板（井盖），然后又用嘴把石板拱开。可见八戒的钉耙没有挖掘的功能。

3.歇后语

白骨精的饭食——碰也不要碰
孙悟空进了八卦炉——炼结实了

4.冷知识探真

牛魔王变成猪八戒的模样，将计就计，骗回孙悟空已得手的芭蕉扇。

过关题典

一、选择题

鬼王用什么方法告诉了唐僧自己的故事？（　　）

A. 还魂　　　　B. 托梦　　　　C. 井龙王传话

二、俗语理解

如来闻言道："你且休恨。那妖精我认得他。"行者猛然失声道："如来！我听见人讲说，那妖精与你有亲哩。"……行者闻言笑道："如来，若这般比论，你还是妖精的外甥哩。"

上文体现了什么？

三、阅读理解

这菩萨近前来，拍着宝台，厉声高叫道："那和尚，你只会谈'小乘教法'，可会谈'大乘教法'么？"玄奘闻言，心中大喜，翻身跳下台来，对菩萨起手道："老师父，弟子失瞻，多罪。见前的盖众僧人，都讲的是'小乘教法'，却不知'大乘教法'如何。"

上文写出了玄奘的什么性格特点？

谁又敌得过孙猴子

国师：祈雨！

孙悟空：让你欺负人！

唐僧：我害怕！

孙悟空：隔板猜物难不住我！

鹿力大仙：剖腹剜心！

虎力大仙：利刀砍头！

羊力大仙：赤身下油锅！

孙悟空：赌啥你们也不行！

《西游记》悬疑

※车迟国的佛道之争究竟是什么？

释疑故事

唐僧在车迟国要换文西行，国师不许，当地的百姓来求国师祈雨，国师就和唐僧赌谁能祈雨成功。原来这三个国师都是妖怪，他们不仅祸害车迟国，还想吃唐僧肉。孙悟空与各仙约定好，最终帮助唐僧求雨成功。接着虎力大仙又与唐僧比高台坐禅，羊力大仙变臭虫扰乱唐僧注意力，而孙悟空变“蜈蚣”叮虎力大仙，唐僧又取胜。鹿力大仙要和唐僧比赛隔板猜物，又被悟空暗中捉弄而失败，唐僧也胜出。赌利刀砍头时，孙悟空变成黄狗叼走了虎力大仙的头，就此虎力大仙现出原形死了。最后经过多次较量，三国师纷纷现出原形，才知其分别是虎、鹿和羊。国王明白了真相，换关文送唐僧师徒西行。唐僧又请国王重尊佛教，国王允准。

刨根问底

开膛挖心术——鹿力大仙大摇大摆地走到刽子手旁，命令刽子手用牛耳尖刀划开自己的胸膛，把心肝肠子拿在手中把玩，孙大圣伸手拔了一根毫毛，变成了一只饿鹰，饿鹰以迅雷不及掩耳之势抓走了鹿力大仙的心肝，鹿力大仙命丧当场。

三昧真火——红孩儿用手拍打自己的鼻子，张嘴就能喷出三昧真火；太上老君的炼丹炉用的也是三昧真火。

引申词释义

星落云散——像星星坠落，云彩散开。形容七零八落的样子。

一通百通——通：通晓。一个主要的弄通了，其他的自然也都会弄通。

说文解字

取经要知道：明火执仗——点着火把，拿着武器。原指公开抢劫。后比喻公开地、毫无顾忌地干坏事。《西游记》第四十回记载了“那借金银人，身贫无计，结成凶党，明火执杖，白日杀上我门。”

放屁添风——比喻在一边助威。也比喻力量虽小，却也有帮助。《西游记》第七十五回记载了“兄弟，你虽无甚本事，好道也是个人。俗云：‘放屁添风。’你也可壮我些胆气。”

细挖《西游记》

红孩儿的形象是儿童，号“圣婴大王”，千万别误以为他很年幼，其实红孩儿实际年龄超过三百岁。

西游趣谈

牛魔王

我可不被人骑着，因为我有自己的专用交通工具。

避水金睛兽

不怕水就是我的本事。

牛魔王

丢人的是我是个上门女婿。

玉面狐狸

居家女主就是我。

二郎神

我有好多个名字——猎神、蹴鞠（cù jū）神、雷神、酒神。

《西游记》另类悬疑

※《西游记》里的妖魔只有一个不是坐骑反而有坐骑，这个人就是牛魔王。牛魔王的坐骑是避水金睛兽，可以避开水，乘骑之后不用捏避水诀便可入水。

大语文拓展

1.人物鉴赏

二郎神

二郎神是玉皇大帝的亲外甥，曾经劈山救母、弹打凤凰、力诛八怪、梅山结义。二郎神叫作杨戬，他力大无穷，又能有七十二变。他的武器是三尖两刃枪，武功绝伦，座下有神兽哮天犬，额间有第三只神眼。二郎神，又称二郎显圣真君、灌口二郎、二郎真君、灌口神、清源妙道真君等。二郎神还被奉为猎神、蹴鞠神、雷神、酒神等。

2.《西游记》冷知识

铁扇公主是一个得道女仙，牛魔王是入赘到玉面狐狸家的。

3.歇后语

白骨精遇上猪八戒——走运

孙悟空的眼睛——火眼金睛

4.冷知识探真

孙悟空大闹地府，冥司秦广王向玉帝告状，但玉帝只派人回复了他，并没有接见他。

过关题典

一、选择题

乌鸡国太子不信假国王是妖怪，孙悟空让他去问（　　）

A. 王后　　B. 假国王　　C. 侍从

二、俗语理解

佛祖笑道："你且休嚷。他两个问你要人事之情，我已知矣。但只是经不可轻传，亦不可以空取。向时众比丘圣僧下山，曾将此经在舍卫国赵长者家与他诵了一遍，保他家生者安全，亡者超脱，只讨得他三斗三升麦粒黄金回来。我还说他们忒卖贱了，教后代儿孙没钱使用。你如今空手来取，是以传了白本。"

上文说明了什么道理？

三、阅读理解

一日，见那老树枝头，桃熟大半，他心里要吃个尝新。奈何本园土地、力士并齐天府仙吏紧随不便。忽设一计道："汝等且出门外伺候，让我在这亭上少憩片时。"那众神果退。

上文表现了孙悟空的什么性格特点？

唐僧就是个倒霉孩子

犀牛精

进了我的地盘，要你死！

孙悟空

打不过啊！

角木蛟

我来了！

斗木獬

我也来了！

奎木狼

助你一臂之力！

井木犴

该我登场了！

《西游记》悬疑

※各种离奇事件接连发生，难道唐僧就没有想过这里面的缘由吗？

释疑故事

唐僧师徒刚来到天竺国外的金平府。三个变作佛爷的妖精就将唐僧摄走了。其实这是青龙山的三个犀牛精，大妖精叫辟寒大王，二妖精叫辟暑大王，三妖精叫辟尘大王。孙悟空为了降妖去天庭搬救兵，玉帝叫四木禽星下到凡界降妖。四木禽星角木蛟、斗木獬、奎木狼、井木犴接到御旨后和孙悟空一起驾云来到了青龙山玄英洞上空消灭了妖精。金平府的县官按照孙悟空的意思，贴出告示，说下一年不许再点金灯，又建了四星降妖庙，为唐僧师徒四人建立了生祠，立了石碑并刻上文字，传于后世。

刨根问底

五雷法——五雷法是道教鼻祖太上老君创建的，行此法可以调遣风雨雷电各路神仙行云布雨。

定身法——孙大圣的定身法，口念咒语，用手一指，再说“定”，就能使某人不能动弹。

引申词释义

花团锦簇——形容五彩缤纷、十分鲜艳的景象。

紫气东来——比喻吉祥的征兆。

说文解字

取经要知道：紫绶金章——紫色印绶和金印，古丞相所用。借指高官显爵。《西游记》第四回记载了“芙蓉冠，金碧辉煌。玉簪珠履，紫绶金章。”

火眼金睛——原指孙悟空能识别妖魔鬼怪的眼睛。后用以形容人的眼光锐利，能够识别真伪。《西游记》第七回记载了“只是风搅得烟来，把一双眼炒红了，弄做个老害眼病，故唤作‘火眼金睛’。”

细挖《西游记》

“七十二变”一词出自吴承恩的《西游记》，孙悟空的师傅菩提祖师告诉孙悟空法术有两种：一是按天罡数，有三十六变；一是按地煞数，有七十二变。孙悟空选择学了后者。

孙悟空有七十二般变化，可以变成动物、植物，甚至物体等。在莲花洞，当孙悟空变作金角、银角大王的干娘九尾狐狸时，其红屁股被八戒一眼看穿。

西游趣谈

太上老君

我有妙法能为天下苍生降下甘露。

孙大圣

定身法让一切都变成了静态。

老子

骑着青牛溜达去。😁😁

关尹子

紫气东来是祥瑞。

猪八戒

我就是看破不说破。

苍狼精

遇上孙猴子真是倒霉。

小妖

我们只是些打工人，唉！干不完的粗活！

《西游记》另类悬疑

※最早要吃唐僧肉的是寅将军。

1.人物鉴赏

凌虚子

凌虚子是苍狼精，但他的装扮一直都是道士的形象。他和黑风怪、白衣秀士是好朋友，最后被孙悟空打死了。

2.《西游记》冷知识

西游路上小妖最多的地方是狮驼岭——南岭五千、北岭五千、东路口一万、西路口一万、巡哨的四五千、把门的一万，以及烧火和打架的无数。

3.歇后语

孙大圣碰到如来佛祖——有法难使

唐僧念书——一本正经

4.冷知识探真

八戒攒了五钱银子，在城里找了铁匠把它们熔在一起，结果被铁匠偷了四分，只剩下四钱六分，八戒把它藏在了左耳朵眼儿里。

过关题典

一、选择题

《西游记》中孙悟空一路上不断降妖除魔，经常要与人交战，不过在（　　）却没有发生战斗。

A. 凤仙郡　　B. 五庄观　　C. 乌鸡国

二、俗语理解

如来道："因汝口壮身慵，食肠宽大。盖天下四大部洲，瞻仰吾教者甚多，凡诸佛事，教汝净坛，乃是个有受用的品级。如何不好！"（第一百回）

从上文中你能看出什么?

三、阅读理解

行者那里肯放，执着棒，只情赶来，呼呼吼吼，喊声不绝，却赶到那藏风山凹之间。正抬头，见八戒在那里放马。八戒忽听见呼呼声喊，回头观看，乃是行者赶败的虎怪，就丢了马，举起耙，刺斜着头一筑。可怜那先锋，脱身要跳黄丝网，岂知又遇罩鱼人。却被八戒一耙，筑得九个窟窿鲜血冒，一头脑髓尽流干。

由上文可看出猪八戒的什么性格特点?

创业花果山

孙悟空

咱猴子们也得干点正经事。

小猴

您教我们武艺吧！

猴兵

咱现在也是有制服的人呢。

小鬼

勾走你的魂。

阎王

你个孙猴子，我告你去！

太白金星

我去看看情况。

玉帝

你们都给我消停点行不行？

《西游记》悬疑

※为啥取经的大徒弟被设置成了猴子这个形象呢？作者是怎么想的呢？

释疑故事

孙悟空回到花果山后，决心带领小猴们操练武艺，但是没有合适的武器装备。于是他到临近的傲来国的武器库里搬了很多兵器，但他嫌没有趁手的就又到龙宫借了金箍棒。

刨根问底

起死回生术——地仙之祖镇元大仙的人参果树被孙大圣一顿乱棍打得枝残叶落，最后被连根拔起。观世音菩萨口念咒语，用杨柳条洒下万点雨露，最终人参果树起死回生。

法天象地术——二郎神运用了法天象地之术，摇身一变，变得身高万丈，三尖两刃枪就好似两座山峰。

引申词释义

龇牙咧嘴——张着嘴巴，露出牙齿。形容凶狠或疼痛难忍的样子。

走花溜冰——比喻吹牛，说大话。

说文解字

取经要知道：东游西荡——指到处游荡，不务正业。《西游记》第六回记载了“他因没事干管理，东游西荡。”

眼花雀乱——形容看见美色或繁复新奇的事物而感到迷乱。《西游记》第四十一回记载了“行者急回头，炒得眼花雀乱，忍不住泪落如雨。”

细挖《西游记》

净坛使者、金身罗汉都是菩萨，全名分别是南无净坛使者菩萨、南无八宝金身罗汉菩萨，净坛使者是猪八戒，金身罗汉是沙僧。

西游趣谈

观世音菩萨

我有起死回生术。

二郎神

我有法天象地术。

黄袍怪

我的本命就是奎木狼。

百花羞

圣僧能不能帮我送信给父王?

青毛狮子

我能变成国王。

小钻风

大王叫我来巡山!

《西游记》另类悬疑

※黄袍怪是天上二十八星宿之奎星，又名奎木狼，下界后在碗子山波月洞当了妖怪，并霸占百花公主13年。后被玉帝贬去兜率宫给太上老君烧火。

大语文拓展

1.人物鉴赏

小钻风

小钻风是唐僧师徒在狮驼岭遇到的一个巡山小妖怪，因口头禅“大王叫我来巡山”而被人们熟知。

2.《西游记》冷知识

原著第八十五回载：“巨口獠牙神力大，玉皇升我天蓬帅。掌管天河八万兵，天宫快乐多自在。只因酒醉戏宫娥，那时就把英雄卖。一嘴拱倒斗牛宫，吃了王母灵芝菜。玉皇亲打二千锤，把吾贬下三天界。教吾立志养元神，下方却又为妖怪。”“巨口獠牙”“一嘴拱倒”说明猪八戒以前就是猪修成人形的，据记载其被玉皇大帝打了两千锤，又变回了猪形，所以才会有“却又为妖怪”的说法。

3.歇后语

哪吒发火——耍孩子脾气

如来佛祖治孙悟空——强中还有强中手

4.冷知识探真

孙悟空在地府中的排名是魂字部的1350位。

过关题典

一、选择题

乌鸡国假国王是什么妖怪？（　　）

A. 狐狸精　　B. 白鹿　　C. 青毛狮子

二、谐音的运用

老者道：“你虽是个唐人，那个恶的，却非唐人。”悟空厉声高呼道：“你这个老儿全没眼色！唐人是我师父，我是他徒弟！我也不是甚‘糖人，蜜人’，我是齐天大圣。”

请说明上文中关于谐音的运用。

三、阅读理解

这大圣一条棒，抵住了四大天神与李托塔、哪吒太子，俱在半空中，杀够多时，大圣见天色将晚，即拔毫毛一把，丢在口中，嚼碎了，喷将出去，叫声：“变！”就变了千百个大圣，都使的是金箍棒，打退了哪吒太子，战败了五个天王。

上文描述了什么场景？

老鼠成妖原来是有靠山

唐僧

也不知道是谁设计的这取经路线。

老鼠精

我有我的干爹在，我不怕。

孙悟空

有啥事也别慌乱。

托塔天王

大公无私！

哪吒

老爸，她可是你的义女啊！

《西游记》悬疑

※好歹哪吒家族也是有极高威望的，咋能接受一个老鼠精的攀附呢？

释疑故事

唐僧师徒路过一个树林时遇到一个被绑住的女子，孙悟空一眼就看出这是妖精变化的，但是唐僧却非要救下这女子。谁料这老鼠精趁大家休息时把唐僧抓走了，还非要嫁给唐僧。之后孙悟空三次营救唐僧都失败了，但也发现这个妖精竟是托塔天王的义女。随即就上天告状，玉帝命托塔天王和哪吒跟着孙悟空前去擒妖。孙悟空第四次进入无底洞，终于在天王父子的配合下制服了老鼠精。

刨根问底

黄风术——黄风怪与孙悟空大战三百回合，然后张口就喷出了黄风，遮天蔽日的黄风大作，飞沙走石，不但师徒四人被吹得无影无踪，就连火眼金睛的孙悟空还被吹伤了眼睛。后来菩萨用三花九子膏医好悟空的眼睛，并指点孙悟空去借定风丹，大破黄风怪的黄风术。

风火雷电术——九头狮子的主头能发出风火雷电四种法术，能调动风之法则、火之法则、雷之法则、电之法则。

引申词释义

钻天入地——形容神通广大，很有办法。

如醉方醒——像酒醉才醒一般。比喻刚从沉迷中醒悟过来。

说文解字

取经要知道：全始全终——全：完备，齐全；终：结束。从头到尾都很完善。形容办事认真，有头有尾。《西游记》第四十八回记载了“为人为彻，一定等那大王来吃了，才是个全始全终；不然，又教他降灾贻害，反为不美。”

细挖《西游记》

阎王不止一个，十殿阎王有：秦广王、初江王、宋帝王、伍官王、阎罗王、变成王、泰山王、都市王、平等王、五道轮转王。

西游趣谈

阎王

其实我平时挺忙的。

弼马温

一般情况下我不出差。

玉帝

你们的年终总结都交上来了吗?

辟暑大王

有没有怕热的?

辟尘大王

扢挞藤的威力杠杠的!

孙悟空

搬救兵是我的备选项。

四木禽星

全力配合!

《西游记》另类悬疑

※古代民间认为，猴子能够保护马匹，避免它们得瘟疫。孙悟空被玉皇大帝封为弼马温，管理天庭中的马匹，而“弼马温”的谐音就是“避马瘟”。

大语文拓展

1.人物鉴赏

辟暑大王、辟尘大王、辟寒大王

辟暑大王与辟寒大王、辟尘大王都是修行多年的犀牛精。辟寒大王手使一把钺斧，辟暑大王使用一杆大刀，辟尘大王使的是少见的扢挞藤，三妖怪都能飞云步雾。三妖魔设计捉住唐僧，孙悟空、猪八戒和沙僧就联手打上门来，妖怪仗着人多势大，又捉住了八戒、沙僧。孙悟空人单力薄，只好上天搬救兵，玉皇大帝派四木禽星捉拿妖怪。三个妖怪一见四木禽星，慌乱中逃窜到西海，西海龙太子率兵相助孙悟空，最后捉住了三个妖怪，救出唐僧、八戒和沙僧。

2.《西游记》冷知识

花果山的猴子中有一部分被二郎神纵火烧死，幸存下来的还有可能被山中猎人围杀捕猎，或因花果山被烧导致没有食物而饿死。

3.歇后语

猪八戒相亲——怕露嘴脸

唐僧相信白骨精——人妖不分

4.冷知识探真

太上老君住在三十三重天的兜率宫，是天宫的最高处。在道教中，太上老君的地位要比玉皇大帝高。

过关题典

一、选择题

（　　）对孙悟空说，国王曾将自己在御水河中浸了三日，故派遣坐骑来浸国王三年，以报前恨。

A. 观音菩萨　　B. 文殊菩萨　　C. 地藏菩萨　　D. 普贤菩萨

二、谐音的运用

唐僧被灵感大王弄法沉下河去。行者在半空中看见，问道："师父何在？"八戒道："师父姓'陈'，名'到底'了。如今没处寻找，且上岸再作区处。"大圣云头按落，一同到于陈家庄上。早有人报与二老道："四个取经的老爷，如今只剩了三个来也。"兄弟即忙接出门外，果见衣裳还湿，道："老爷们，我等那般苦留，却不肯住，只要这样放休。怎么不见三藏老爷？"八戒道："不叫做三藏了，改名叫做'陈到底'也。"二老垂泪道："可怜！可怜！"

请说明上文中谐音的运用。

三、阅读理解

那赤脚大仙觌面撞见大圣，大圣低头定计，赚哄真仙，他要暗去赴会，却问："老道何往？"大仙道："蒙王母见招，去赴蟠桃嘉会。"大圣道："老道不知。玉帝因老孙筋斗云疾，着老孙五路邀请列位，先至通明殿下演礼，后方去赴宴。"大仙是个正大光明之人，就以他的诳语作真，道："常年就在瑶池演礼谢恩，如何先去通明殿演礼，方去瑶池赴会？"

上文体现了孙悟空的什么性格特点？

第九章

用其所欲，行其所能

取经路好艰难

唐僧

真没想到有这么多困难啊。

朱紫国国王

快来救我啊！

东海龙王

毛猴子真烦人啊。

赛太岁

我又不是真的太岁。

镇元大仙

我的绝门功夫多的是，你们敢不敢挑战？

孙悟空

忙得我鞋都顾不上换。

唐僧

我需要个地图，什么时候能到西天啊？

《西游记》悬疑

※这些途经国家的国名都是谁取的，怎么都那么神秘呢？

释疑故事

孙悟空给朱紫国国王悬丝诊脉，他诊断国王为“双鸟失群”症，并为他配成“乌金丹”，还找了东海龙王的津唾——无根水作为药引，最终治好了国王。孙悟空炼制乌金丹用了大黄、巴豆、锅底灰，最后用马尿和丸，用无根水送服。什么是无根水，孙悟空是这样解释的：“井中河内之水，俱是有根的。我这无根水，非此之论，乃是天上落下者，不沾地就吃，才叫做无根水。”至于马尿，用的就是小白龙的尿。

刨根问底

袖里乾坤术——孙悟空拔掉人参果树后，师徒四人慌忙逃窜，镇元大仙站在云端，双袖迎风舞动，使出了袖里乾坤术，师徒四人瞬间被收到大袖中，猪八戒用他的九齿钉耙一顿乱砸，也没伤到人家的袖子。

如来神掌——孙大圣被如来佛祖的神掌压在五行山下五百年。

引申词释义

百下百着——指百发百中，万无一失。同“百下百全”。

不打自招——还没有拷问就招供了。比喻无意中暴露了自己的罪过或缺点。

说文解字

取经要知道：虚情假意——虚：假。假装对人热情，不是真心实意。《西游记》第三十回记载了“那妖精巧语花言，虚情假意的答道：‘主公，微臣自幼儿好习弓马，采猎为生。’”

细挖《西游记》

唐僧要取的大乘佛经，孙悟空早在菩提祖师那里就已经听过，应该说孙悟空的佛学根基和启蒙时间要远远早于其师傅唐三藏。

西游趣谈

孙悟空

其实要取的那经，我以前就听过。

赛太岁

人家是恋爱脑。

金翅大鹏雕

你们能把我怎么样？

五百罗汉

兄弟们，一起上啊！

如来佛祖

真是操心的命啊！

孙悟空

走哪儿都得我忙活。

《西游记》另类悬疑

※九头虫不是虫，而是鸟类，是传说中的神鸟九凤。九头虫其实有十个脑袋，第十个脑袋平时会隐藏起来。

大语文拓展

1.人物鉴赏

赛太岁

赛太岁本是观音的坐骑，是一只金毛犼，它的项上饰物是紫金铃，金毛犼带紫金铃下界为妖，自称“赛太岁”。

2.《西游记》冷知识

孙悟空大闹地府，才发现生死簿中有关他的一栏里清晰地记着他的寿命为342岁，善终。

3.歇后语

孙悟空戴金箍——有法无用

猴子的屁股——坐不住

4.冷知识探真

在狮驼岭，如来佛祖、普贤菩萨、文殊菩萨、五百罗汉齐出动，才降伏了金翅大鹏雕。

过关题典

一、选择题

不属于金角大王、银角大王的宝贝的是（　）

A. 七星剑　　B. 红葫芦　　C. 铁扇

二、谐音的运用

唐三藏夜梦乌鸡国国王的冤魂前来诉说冤屈，最后惊醒时大叫：“徒弟！徒弟！”八戒醒来道：“甚么‘土地土地’？当时我做好汉，专一吃人度日，受用腥膻，其实快活，偏你出家，教我们保护你跑路！原说只做和尚，如今拿做奴才，日间挑包袱牵马，夜间提尿瓶务脚！这早晚不睡，又叫徒弟作甚？”

请说明上文中谐音妙用的意义。

三、阅读理解

行者道：“你们且慢行。等老孙去照顾那两个童儿睡一个月。”三藏道：“徒弟，不可伤他性命；不然，又一个得财伤人的罪了。”行者道：“我晓得。”行者复进去，来到那童儿睡的房门外。他腰里有带的瞌睡虫儿，原是在东天门与增长天王猜枚耍子赢的。他摸出两个来，瞒窗限儿弹将进去，径奔到那童子脸上，鼾鼾沉睡，再莫想得醒。他才拽开云步，赶上唐僧，顺大路一直西奔。

上文说明了主人公的什么性格特点？

有人的地方就是江湖

黄狮精

我到底聪明不？

买猪羊的小妖

其实俺们是假扮的。

猪羊贩子

俺是老沙。

黄狮精

我打不过还不能去找靠山啊。

九灵元圣

我必须帮你摆平。

六狮

我们连自己的家都守不住，丢死人了！

孙悟空

无论走到哪，江湖都有我！

《西游记》悬疑

※弱肉强食在《西游记》中是如何体现的？

释疑故事

豹头山的黄狮精盗取了孙悟空三人的兵器开“钉耙会”，孙悟空和八戒随机应变变作买猪羊的小妖，沙僧则变作贩猪羊的商贩，齐聚豹头山，三人大战狮精，妖精往东南逃走。孙悟空师兄弟打死小妖，一把火烧了妖洞，然后回到玉华州。黄狮精逃到竹节山九灵元圣处告状，九灵元圣虽知悟空本领高强，但还是答应替他报仇，赶奔玉华州。其实这个九灵元圣本是太乙救苦天尊的坐骑，他趁天尊狮奴偷喝太乙天尊的轮回琼液沉醉之际，私下凡间，落草为妖。那九曲盘桓洞原是六狮之窝，得知老妖至此，便拜为祖翁，还将自己的洞府让了出来。

刨根问底

衢衢（qú）——通衢大道。
旃檀（zhān tán）功德佛——三十五佛之一，位于佛陀的西北方，其身蓝色，右手触地印，左手定印，持诵此佛名号的功德，能消过去生中，阻止斋僧的罪业。

引申词释义

长他人志气，灭自己威风——指一味助长别人的声势，而看不起自己的力量。
趁哄打劫——指在混乱中劫掠。

说文解字

取经要知道：**趁火打劫**——趁人家失火的时候去抢劫。比喻趁别人危急的时候去捞取好处或趁机害人。《西游记》第十六回记载了“正是财动人心，他也不救火，他也不叫水，拿着那袈裟，趁火打劫，拽回云步，径转山洞而去。”

细挖《西游记》

孙悟空遇到妖怪时常会说他是 500 年前大闹天宫的齐天大圣。但有人认为他在五行山被镇压的时间其实远不止 500 年。“王莽新朝，天降一座神山”，从新莽时期到唐贞观十三年（639 年），五行山大约已有 600 余年的山龄，也就是说孙悟空被压在五行山下远不止 500 年。

西游趣谈

倚海龙

我就是个好员工！

金角大王

你们都要听我的指挥。

银角大王

我跟着大哥干！

巴山虎

咱又不是啥大人物，有口饭吃就行。

孙悟空

金角、银角，你们要是好员工，就赶紧回天庭烧火去，让我跟老君喝口热茶。

如来佛祖

悟空，你不也在偷懒吗，还不赶紧取经去！

猪八戒

就是啊，还整天说我懒，这一路上不都是我牵马？

《西游记》另类悬疑

※猪八戒的九齿钉耙和沙和尚的降妖宝杖都重 5048 斤，恰好和唐僧取到的真经卷数相同。

大语文拓展

1.人物鉴赏

倚海龙

倚海龙与巴山虎奉命前往压龙洞请金角大王、银角大王的母亲来吃唐僧肉。孙悟空想到一个妙计，变成一个小妖追上倚海龙和巴山虎，谎称自己是奉命一起去压龙洞的。等离洞很远了，孙悟空趁机一棒打死了两个小妖，随即拔了根毫毛变成巴山虎，自己则变成倚海龙。

2.《西游记》冷知识

西天大雷音寺有经文三藏，共计 35 部，折合卷数一共是 15144 卷。如来佛祖安排把各部经文取出几卷，凑齐了 5048 卷，这是一藏，并非三藏。

3.歇后语

土地爷管龙王——以上压下

4.冷知识探真

不少妖怪都是从灵山出来的，如黄风怪、蝎子精、黄眉怪等，他们的修为都很高。

过关题典

一、选择题

这山中有一条涧，叫作枯松涧。涧边有一座洞，叫作火云洞。洞里住的魔王是（　）

A. 牛魔王　　B. 铁扇公主　　C. 红孩儿

二、问答题

《西游记》中唐僧师徒西天取经一共经历了多少难？其中大徒弟孙悟空的筋斗云一翻是多少里？他会多少种变化？

三、猜灯谜

赤子（打《西游记》一人物）

四、阅读理解

走进《西游记》，如同走入多彩神奇的魔幻世界，孙悟空能__________，猪八戒擅使九齿钉耙，沙和尚有葫芦法船，白龙马亦可弄酒舞剑……丰富而大胆的艺术想象令人惊叹不已；走进《西游记》，又如同走在坎坷艰险的人生旅途，师徒四人历经九九八十一难：三打白骨精……终至西天取真经，曲折而生动的故事情节引人思考。

请你据此谈谈你对《西游记》的整体理解。

第十章 皇天不负苦心人

从没有过的高级别论坛

崔判官

陛下真的有必要举办水陆大会。

唐太宗

我自还阳后更想江山永固。

圣人

一切教化都是福报。

各路奇才

这可是个扬名立万的好机会。

唐太宗

水陆大会的主持人是德高望重的玄奘老弟！大家欢迎！

唐僧

终于完成任务了。

《西游记》悬疑

※唐僧内心到底想不想主持水陆大会呢？

释疑故事

唐太宗还魂后，登朝宣布大赦天下，从此严禁毁僧谤佛。唐太宗选定唐僧为水陆大会的主持，并封他为管理僧人的官员。这其中有个重要的助推力就是崔判官，他在地府里一再要求唐太宗回去举办水陆大会，甚至是威逼利诱。

刨根问底

撞天婚——旧时不加主观选择、听天由命的择偶成婚方式。意谓任凭“天意”促成的婚姻。

雄黄酒——用研磨成粉末的雄黄泡制的白酒或黄酒，中华民族传统节日端午节的饮品。

引申词释义

翻江搅海——形容水势浩大。多喻力量或声势非常壮大。也形容吵闹得很凶或事情搞得乱七八糟。

急如风火——急得像疾风烈火一样。形容十分急迫。

说文解字

取经要知道：猖獗（chāng jué）——任意横行。《西游记》第六回记载了“木叉道：‘我蒙师父差来打探军情，见你这般猖獗，特来擒你！’”

叵耐（pǒ nài）——不可忍耐；可恨。《西游记》第六回记载了“却说玉帝拆开表章，见有求助之言，笑道：‘叵耐这个猴精，能有多大手段，就敢敌过十万天兵！’”

细挖《西游记》

《西游记》明刻版里其实没有唐僧身世这一章节。清朝的汪瞻漪（zhān yī）后来觉得江流儿的故事不错，和唐僧身世契合度很高，于是就将这个故事加入书中，前后对比之下，其实有很多不相符之处。

西游趣谈

江流儿

我是我，我不是唐僧。

孙悟空

我不懂你们的故事，我只知道好好工作。

猪八戒

猴哥，快回来！

沙僧

我不想那么多，只想干好自己的事情。

黄袍怪

我喜欢你，跟我走吧！

龙王

其实随便下点雨也没啥问题。

孙悟空

我的金箍棒打死一切妖怪！

《西游记》另类悬疑

※猪八戒在宝象国展示本事的时候，从腰间拽出了九齿钉耙，原来九齿钉耙可以别在腰间。

大语文拓展

1.人物鉴赏

百花羞公主

百花羞是宝象国的三公主，乳名百花羞。唐僧误入妖洞被捉。百花羞帮唐僧离开，让他去宝象国送信。国王收到信后向唐僧师徒求援。猪八戒和沙僧不敌黄袍怪，唐僧也被妖怪诬陷成老虎精。孙悟空打败了黄袍怪，公主也被送回宝象国。原来这位公主本来是披香殿侍香的玉女，因姻缘之约思凡下界。托生成百花羞后，被奎木狼化成的黄袍妖怪强行掳走。

2.《西游记》冷知识

龙王没有经过天庭的同意，私自降雨，一般情况下也没有什么处罚。可是泾河龙王私自降雨就丢掉性命，这背后定有隐情。

3.歇后语

白骨精给唐僧送饭——没安好心

山中无老虎——猴子称大王

4.冷知识探真

孙悟空的金箍棒被妖怪抢走之后，他还哭了，慨叹道：“如今没有了金箍棒，赤手空拳的，如何是好？”这么看来孙悟空也有无奈的时候。

过关题典

一、选择题

红孩儿的绝技怎么来的？（　　）

A. 在火焰山修行三百年炼成的

B. 与生俱来

C. 观音菩萨所授

二、俗语理解

《西游记》第七十二回中载："上门的买卖，倒不好做！'放了屁儿，却使手掩。'你往那里去？"

请解释上文中的俗语。

三、阅读理解

慌得个三藏滚鞍下马，望空礼拜道："弟子肉眼凡胎，不识尊神尊面，望乞恕罪。烦转达菩萨，深蒙恩佑。"你看他只管朝天磕头，也不计其数。路旁边活活的笑倒个孙大圣，孜孜的喜坏个美猴王，上前来扯住唐僧道："师父，你起来罢，他已去得远了，听不见你的祷祝，看不见你磕头。只管拜怎的？"长老道："徒弟啊，我这等磕头，你也就不拜他一拜，且立在旁边，只管哂笑，是何道理？"行者道："你那里知道！像他这个藏头露尾的，本该打他一顿；只为看菩萨面上，饶他打尽够了，他还敢受我老孙之拜？老孙自小儿做好汉，不晓得拜人，就是见了玉皇大帝、太上老君，我也只是唱个喏便罢了。"

请分析一下上文写出了主人公的什么性格特点？

孙悟空"造假"

大王子
我想跟您学艺。

伪金箍棒
我是个高仿货啊！

猪八戒
其实俺的耙子也很牛的！

沙僧
二师兄，咱就别显摆了。

孙悟空
感谢在玉华州这些日子的盛情款待。

孙悟空
我们先行一步。

大王子
祝师傅们一路平安！

《西游记》悬疑

※孙悟空还能制造兵器？难道他要抢夺太上老君的位置？

释疑故事

玉华州的国王有三个王子，取经团队四人组和这几位王子相处了一段时间后，王子们见识到了他们的本事，因此分别拜孙悟空、猪八戒、沙僧为师。孙悟空收的徒弟是玉华州的大王子。他给大王子制作了一件“伪金箍棒”，算是如意金箍棒的衍生品。

刨根问底

宫娥——宫中嫔妃、侍女。
八景銮舆——玉帝座驾，由八条龙驱动、八种景（渔村落照，远浦帆归，江天暮雪，潇湘夜雨，平沙雁落，山市晴岚，洞庭秋月，烟寺晚钟）组成。

引申词释义

家丑不可外谈——家里不光彩的事，不便向外宣扬。同“家丑不可外扬”。
拿贼拿赃——捉贼要查到赃物做凭证。

说文解字

取经要知道：叠岭层峦——叠：重叠；层：重复，接连出现。形容山峦重叠连绵不断。《西游记》第十五回记载了"去的是些悬崖峭壁崎岖路，叠岭层峦险峻山。"

言之有理——说的话有道理。《西游记》第四回记载了"内有牛魔王忽然高叫道：'贤弟言之有理！我即称做平天大圣。'"

细挖《西游记》

因为《西游记》篇幅较长，成书年代久远，在书中也难免会有一些错误，比如在龙宫借宝时，西海龙王是敖闰，北海龙王是敖顺，但后来却多次把敖顺写成西海龙王。

西游趣谈

燃灯古佛

二位去执行任务吧！

阿傩

毛猴子，意思意思呗！

迦叶

好歹乐呵乐呵啊！

白雄尊者

我就知道又让我干活！哼！

观音菩萨

悟空，你拿不动这玉净瓶。

唐僧

徒弟们，不行就送点礼物吧！

孙悟空

我给你们变出这么多高级礼品，行个方便嘛！

《西游记》另类悬疑

※在佛陀的弟子中，迦叶被称为“头陀第一”，这里的头陀，是指游方修行的意思。因此在我国古代小说里，会把苦行僧称为“头陀”，又叫“行者”。《西游记》里的孙行者就是这个意思。

大语文拓展

1.人物鉴赏

白雄尊者

白雄尊者是燃灯古佛的座下弟子。唐僧一行人好不容易到达雷音寺，却被阿傩、迦叶两位尊者戏弄，取了个无字经书。燃灯古佛见状命白雄尊者前去追回，不过白雄尊者生性胆小怕事，害怕孙悟空伤着自己，只是将经书抢走后又抛洒下去，然后便回去复命了。

2.《西游记》冷知识

孙悟空打死的第一位妖怪是住在水脏洞的混世魔王。

3.歇后语

孙悟空戴上紧箍——无法可使

孙悟空当齐天大圣——自封为王

4.冷知识探真

观音菩萨的玉净瓶瞬间就能灌满五湖四海之水，孙悟空曾用手拿了拿，根本拿不动。

过关题典

一、选择题

红孩儿的父亲是谁？（　　）

A. 青牛王　　B. 牛魔王　　C. 铁扇主人

二、俗语理解

《西游记》第六十三回中载："好死不如恶活。但留我命，凭你教做甚么。"

请解释上文中的俗语。

三、阅读理解

行者在旁道："师父，我前日在包袱里，曾见那领袈裟，不是件宝贝？拿与他看看何如？"众僧听说袈裟，一个个冷笑。行者道："你笑怎的？"院主道："老爷才说袈裟是件宝贝，言实可笑。若说袈裟，似我等辈者，不止二三十件；若论我师祖，在此处做了二百五六十年和尚，足有七八百件！"叫："拿出来看看。"

上文写出了主人公的什么性格特点？

没事真的别惹毛猴子

凌虚子
我可是狼族的骄傲！
黑风怪
这宝贝袈裟让我玩玩呗！
袈裟
你以为你是谁？
孙悟空
敢偷我师傅的袈裟，吃我老孙一棒！
白衣秀士
我死得好冤！
观音菩萨
来，乖宝，快吃了这仙丹！
孙悟空
敢吃我！要你好看！

《西游记》悬疑

※《西游记》是一本修行之书，只有历经修行中的苦难才能求到真经，所以就算孙悟空神通广大，也躲不过妖怪带来的磨难。

释疑故事

黑风怪因为贪心不足偷了唐僧的袈裟，还准备开佛衣会显摆一下。孙悟空看见一黑汉正与一道士和一白衣秀士商量开佛衣会的事，一时来气随手一棒就打死了白衣秀士蛇怪，黑风怪却逃走了。孙悟空抢到了黑风怪发出的请帖，随即变成老住持赴会。后被识破，只好请来观音。观音变为道士，劝熊怪服下孙悟空变的仙丹。熊怪无奈之下只好交回袈裟皈依佛门。

刨根问底

金击子——五庄观用来摘人参果的一种器具。因为人参果具有“遇金而落，遇木而枯，遇水而化，遇火而焦，遇土而入”的特性，所以必须用金击子才能采摘。

如意钩——红孩儿舅舅如意真仙使用的武器。孙悟空在落胎泉边打水的时候，如意真仙用如意钩在一边捣乱，将孙悟空几次钩倒在地。

引申词释义

袅袅娜娜——形容女子体态轻盈柔美。同“袅袅亭亭”。

破烂流丢——破烂不堪的样子。

说文解字

取经要知道：家长礼短——指家庭日常生活琐事，同“家长里短”。《西游记》第四十二回记载了“他问我甚么家长礼短，少米无柴的话说，我也好信口捏脓答他。”

与人方便，自己方便——给他人便利，他人也会给自己便利。《西游记》第十八回记载了“施主莫恼。‘与人方便，自己方便。’”

细挖《西游记》

黄狮精是孙悟空打死的最后一个妖怪！《西游记》中的黄狮精是九灵元圣的干孙子，而九灵元圣是太乙救苦天尊的坐骑。黄狮精居住在玉华州城北的豹头山虎口洞，使用的兵器是一柄四明铲。因为偷了孙悟空兄弟三人的武器被设计杀害了。

西游趣谈

白骨精

我连肉体都没有。

孙悟空

不要瞎嚷嚷，不管你啥样都是我的手下败将！

铁背苍狼

我只是个小角色，你们至于这么打吗？

猪八戒

大师兄，我咽不下这口气！

铁背苍狼

真是不给人活路啊！

孙悟空

谁让你招惹我的？

《西游记》另类悬疑

※白骨精是唯一一个连肉体也没有的妖怪。白骨精无团队、无洞府，也没什么大本领。她是一具白骨，后脊梁上还被人刻上了“白骨夫人”四个大字。

大语文拓展

1.人物鉴赏

铁背苍狼

铁背苍狼是隐雾山折岳连环洞南山大王麾下的小妖。唐僧师徒经过此地，铁背苍狼因献“分瓣梅花计”拿住唐僧，被南山大王封为先锋，当孙悟空师兄弟寻到洞府要人时，又献“假人头”之计，想蒙混过关。等孙悟空与猪八戒反应过来后立即打破石门，南山大王只得硬着头皮率群妖迎战，双方经过一场混战，南山大王在慌乱中逃生了，铁背苍狼被孙悟空一棒打倒，现了原形。

2.《西游记》冷知识

如来佛祖亲口对唐僧说他曾是自己的二徒弟，名唤金蝉子，因不听如来佛祖的话被贬，转生东土。

3.歇后语

孙悟空翻跟头——拿手好戏

4.冷知识探真

菩提祖师可能一直在关注着孙悟空，当孙悟空一踏入他的地盘，他便命弟子化身为山中樵夫，一步步引导他到洞前，又安排仙童出门迎接。

过关题典

一、选择题

孙悟空假扮牛魔王去骗红孩儿，红孩儿是怎么识破骗局的？（ ）

A. 红孩儿问孙悟空的生日，孙悟空答不上来。

B. 红孩儿问父亲的生日，孙悟空答不上来。

C. 红孩儿问自己的生日，孙悟空答不上来。

二、俗语理解

《西游记》第七十三回中记载了“行者道：‘正是好事不出门，恶事传千里。’像我如今皈正佛门，你就不晓得了！”

请解释上文中的俗语。

三、阅读理解

行者道：“他是妖精。”唐僧道：“这个猴子胡说！就有这许多妖怪？你是个无心向善之辈，有意作恶之人，你去罢！”行者道：“师父又教我去？回去便也回去了，只是一件不相应。”唐僧道：“你有甚么不相应处？”八戒道：“师父，他要和你分行李哩。跟着你做了这几年和尚，不成空着手回去？你把那包袱里的甚么旧褊衫，破帽子，分两件与他罢。”

请简要对比分析上文中的孙悟空和猪八戒的表现。

大公鸡不光能打鸣

蝎子精

我要嫁给我的偶像唐僧。

孙悟空

别做梦了行吗?

如来佛祖

当年你还蜇我了呢!

猪八戒

你敢蜇我的嘴?

观音菩萨

悟空,快去叫双冠子大公鸡。

昴日星官

我来也!全凭大圣差遣!

蝎子精

我的“倒马毒”也有天敌!

孙悟空

谁让你欺负我师傅的!

《西游记》悬疑

※大公鸡不光负责打鸣,还能除妖?

释疑故事

西梁国毒敌山琵琶洞里有个女妖怪，独门武器是“倒马毒”。她以前还用倒马毒蜇了如来的手指，如来命金刚捉拿她，她逃到了琵琶洞。孙悟空找到她也被她蜇了一下，疼痛难忍，猪八戒上前帮助大师兄，结果嘴上也被蜇了一下。孙悟空请昴日星官来降妖。昴日星官立于山坡上，现出原形，原来是一只双冠子大公鸡，他对着妖精叫了一声，妖怪立即现了原形。原来女妖怪是个蝎子精，昴日星官再叫一声，蝎子精立即毙命。

刨根问底

避水金睛兽——避水金睛兽也叫“避水金晶兽”，忠于主人，但只能辨识容貌，不识气味，貌似麒麟，龙口、狮头、鱼鳞、牛尾、虎爪、鹿角，全身赤红，能腾云驾雾，会浮水，性情通灵。

八卦炉——又称为“炼丹炉”，是太上老君炼制丹药和宝物的宝炉。孙悟空曾经被关进炉里，被烟火熏出一对火眼金睛。后来孙悟空蹬倒八卦炉，炉砖掉落凡间，形成了火焰山。

引申词释义

运蹇时乖——指运气不佳，处于逆境。

人不可貌相——不能只根据相貌、外表判断一个人。

说文解字

取经要知道：不顾死活——顾：顾念，考虑。连生死也不考虑了，形容拼命蛮干，不顾一切。《西游记》第六十三回记载了“这呆子不顾死活，闯上宫殿，一路钯，筑破门扇，打破桌椅，把些吃酒的家伙之类，尽皆打碎。”

细挖《西游记》

在观音、福禄寿三星和唐僧等人吃了人参果后，原著中有诗载：“三老喜逢皆旧契，四僧幸遇是前缘。自今会服人参果，尽是长生不老仙。”由此可见，唐僧正是吃了人参果以后才变得长生不老。

西游趣谈

灭法国国王

杀和尚！

和尚

我们不想死！

孙悟空

我来救你们！你这昏君，为什么要杀这么多和尚？

灭法国国王

我曾经许诺说要杀够一万个和尚，说话要算话啊！

孙悟空

说话算话，你倒是个好国王。算了，以后别杀和尚了，我给你改个名字。

灭法国国王

谢谢神僧！

《西游记》另类悬疑

※《西游记》中的白骨精形象并非原创，而是借鉴宋元时期的《大唐三藏取经诗话》。吴承恩可能是将《大唐三藏取经诗话》中的李英和白虎精的故事情节进行了巧妙的融合，从而创造出了脍炙人口的三打白骨精的故事。

大语文拓展

1.人物鉴赏

灭法国国王

灭法国国王曾许下大愿，要杀一万个和尚，在杀了九千九百九十六个无名和尚之后，说要等四个有名的和尚，凑成一万，好实现大愿。孙悟空变幻法术，把国王、后妃及文武大臣的头发尽行剃去，使国王回心向善，孙悟空建议国王将灭法国改名为钦法国。国王谢了恩，摆整朝銮驾，送取经团队出城西去。

2.《西游记》冷知识

原著中孙悟空身高不到四尺（约 1.3 米），而他的三师弟沙和尚身高一丈二（约 4 米）。

3.歇后语

孙悟空赴蟠桃会——不请自到

孙悟空借芭蕉扇——一物降一物

4.冷知识探真

观音菩萨降伏孙悟空不是目的，让他主动辅助唐僧取经才是关键。

过关题典

一、选择题

唐僧在黑水河遇到了哪个妖怪？（　）

A. 泾河龙王的九儿子　　B. 泾河龙王　　C. 泾河龙王的女儿

二、谚语理解

《西游记》中第十六回记载了“行者道：‘老孙可是那当面骗物之人？这叫做好借好还，再借不难。’”

请解释上文中的俗语。

三、阅读理解

圣帝览毕，传旨：“着龙神回海，朕即遣将擒拿。”老龙王顿首谢去。下面又有葛仙翁天师启奏道：“万岁，有冥司秦广王赍奉幽冥教主地藏王菩萨表文进上。”旁有传言玉女接上表文，玉皇亦从头看过。

请赏析上文。

夫妻和天下和

孙悟空

好可怜的老百姓啊！

东海龙王

大圣，不是我不给你面子，是我不敢不听玉帝的话啊！

四大天师

确实不能给他们降雨。

玉帝

当初饿了我一天。

郡侯

你就不能理解一下我工作的辛苦吗？

郡侯老婆

你到底爱不爱我？

玉帝

我确实小心眼儿了一回。

《西游记》悬疑

※别让家庭矛盾影响了正常工作，是不是这么个理？

释疑故事

龙王说："我虽然能行雨，但我只是个当差的，哪能擅自下雨呢？你要真想下的话，还得烦你到天宫找玉帝请一道降雨的圣旨。另外，别忘了问明要下几个点儿啊！"可当孙悟空来到天庭却被告知："那地方就不该下雨，因为那儿的郡侯得罪了玉帝。"孙悟空又来到了通明殿找到四大天师。可惜他们也说："那地方不该下雨。"孙悟空非逼着玉帝说出真相，原来三年前玉帝出去考察工作，正好碰上凤仙郡郡侯两口子吵架，两人气急之下居然掀翻了供桌，然后又让狗吃了地上的供品，冒犯了上天，害得玉帝当天饿了肚子，因此才降罪凤仙郡三年不下雨。玉帝说如果凤仙郡的人可以做到三件事，就可以下雨，三件事分别是：一是天庭中那只拳大的鸡啄完米山；二是狗舔完面山；三是灯焰烧断一尺长的金锁。经过孙悟空从中斡旋，凤仙郡郡侯率众拜天、谢罪。玉帝也承认自己小心眼儿，最终同意降雨。

刨根问底

乌金丹——孙悟空给朱紫国国王开的药。由大黄、巴豆、锅底灰、白龙马的马尿搅拌后搓成，是一种黑色药丸。

无根水——《西游记》中的无根水来自东海龙王敖广，一口津唾，化作甘霖，是为药引。

引申词释义

伸头探脑——不断伸着脑袋张望。形容迟疑观望，或心中有鬼。

事无三不成——指办事不经多次努力不会轻易成功。

说文解字

取经要知道：洪福齐天——洪：大。旧时颂扬人福气极大。《西游记》第六十三回记载了“一则是那国王洪福齐天，二则是贤昆玉神通无量，我何功之有！”

觥筹交错（gōng chóu jiāo cuò）——酒杯和酒筹交互错杂。形容许多人聚会喝酒时的热闹场景。《西游记》第七回记载了“王母正着仙姬仙子歌舞，觥筹交错。”

细挖《西游记》

《西游记》中没有容貌描述的女妖精有：狐狸精、鳜婆、孔雀公主、红蟒精。

《西游记》中有容貌描述的女妖精有：白骨精、蝎子精、铁扇公主、万圣宫主、杏花仙子、七个蜘蛛精、狐狸美后、地涌夫人、玉兔精等。

西游趣谈

唐僧
都是我游历时的所见所闻。
辩机
我整理出来的！
说书人
我们口口相传。
吴承恩
我最终创作完成了《西游记》。
杨景贤
老吴，你还采访过我呢。

《西游记》另类悬疑

※《大唐西域记》是由玄奘口述、辩机和尚整理的一本游记。玄奘的徒弟彦悰、慧立写了《大慈恩寺三藏法师传》，加入了一些神话传说元素。说书人在《大慈恩寺三藏法师传》的基础上再加工，后人又配诗形成了《大唐三藏取经诗话》。《大唐三藏取经诗话》是传经颂本，吴承恩在这基础之上，结合杨景贤的《西游记杂剧》等创作出了今天我们看见的《西游记》。

大语文拓展

1.人物鉴赏

四木禽星

四木禽星是四位天神星宿。四木禽星是角木蛟、斗木獬、奎木狼、井木犴，其中奎木狼在《西游记》中曾下界到宝象国波月洞，并化身为黄袍怪。

2.《西游记》冷知识

《西游记》里一共出现了96个妖怪。

3.歇后语

孙悟空拿（捉）猪八戒——能人之上有能人
孙悟空手里的金箍棒——随心所欲

4.冷知识探真

观音菩萨曾与太上老君打赌，将炼丹炉里烤焦的杨柳枝插在玉净瓶中，一昼夜，复得青枝绿叶。这相当于为五庄观复活人参果树提前做了实验。

过关题典

一、选择题

愚甥鼍洁，顿首百拜，启上二舅爷敖老大人台下：向承佳惠，感感。今因获得二物，乃东土僧人，实为世间之罕物，甥不敢自用。因念舅爷圣诞在迩，特设菲筵，预祝千寿。万望车驾速临，是荷！

选文中的东土僧人是谁？（　）

A. 唐僧　沙僧　　B. 沙僧　猪八戒　　C. 唐僧　猪八戒

二、俗语理解

《西游记》第八十一回中记载了“妖精不精者不灵。一定会腾云驾雾，一定会出幽入冥。古人道得好：‘莫信直中直，须防人不仁。’”

请解释上文中的俗语。

三、句式判断

李天王闻言，又把照妖镜四方一照，呵呵的笑道：“真君，快去！快去！那猴使了个隐身法，走出营围，往你那灌江口去也。”

请分析上文中的句式特点。

四、简明释义

虎落平阳被犬欺。(《西游记》第二十八回)

请解释一下这句话。

“漂亮的金鱼”其实不是好人

唐僧

今晚咱们就借住陈家庄吧！

灵感大王

我只吃童男童女！

童男童女

我们要死了吗？呜呜呜！

猪八戒

沙师弟，咱俩去水里跟妖怪打一架！

沙僧

好嘞！

孙悟空

我还得去找观音菩萨！

观音菩萨

来，小金鱼，跟我回家！

《西游记》悬疑

※孙悟空能耐很大，但是在水下作战就不行了，这是人物缺陷还是故意给他的师弟们留下展示的机会呢？

释疑故事

唐僧师徒路过通天河畔陈家庄，得知有妖怪灵感大王。每年一度祭祀，妖怪都要吃童男童女。孙悟空、猪八戒随即变成孩童模样顶替祭祀，并打败了妖怪。后来逃走的妖怪捉住了过河的唐僧。猪八戒、沙僧为救师傅在水底与妖怪大战两个时辰，猪八戒诈败引灵感大王上岸，结果与孙悟空对上三回合便招架不住，逃入河里。之后灵感大王闭门不出，还用泥土石块堵住洞府以防被攻入。最后孙悟空去南海请来了观音菩萨，观音菩萨用鱼篮收走了灵感大王，原来他是条金鱼。

刨根问底

三花九子膏——《西游记》里一种专治眼疾的膏药，治好了孙悟空被妖怪吹伤的眼睛。

宣花斧——《西游记》中出现的兵器。

引申词释义

相貌堂堂——形容人的仪表端正，身材魁梧。

心痒难挝（zhuā）——挝：古同“抓”，用指或爪挠。指心中有某种意念或情绪起伏不定，无法克制。同“心痒难挠”。

说文解字

取经要知道：兔死狗烹——比喻成就事业后就把有功之臣杀了。《西游记》第二十七回记载了“今日昧着惺惺使糊涂，只教我回去，这才是‘鸟尽弓藏，兔死狗烹’！”

积草屯粮——储存粮食和草料。指聚积战备物资。《西游记》第二十八回记载了“将旗挂于洞外，逐日招魔聚兽，积草屯粮，不题‘和尚’二字。”

细挖《西游记》

幌金绳是《西游记》中法宝的名称，本是太上老君的一根勒袍的腰带。后被金角大王、银角大王带下界，由九尾狐狸保管，之后又被孙悟空夺去。孙悟空用幌金绳捆绑银角大王失败，反被其绑住，后来孙悟空逃走，请来太上老君将幌金绳收走。

西游趣谈

玉真观

出入境都要来我这里做登记。

四大天师

我们经常出差，忙得顾不上回家。

玉皇大帝

给你们增加差旅费！

金顶大仙

我就喜欢穿漂亮衣服。

唐僧

你们都好时髦啊！

《西游记》另类悬疑

※玉真观在灵山脚下，是金顶大仙的办公场地。金顶大仙的腰间悬挂有记载神仙秘籍的仙箓。

大语文拓展

1.人物鉴赏

四大天师

“四大天师”分别是张道陵、葛玄、萨守坚、许旌阳，为玉皇大帝通明宫的四位尊神。天师之名，始见于《庄子》，《庄子·徐无鬼》载：“黄帝再拜稽首，称天师而退。”这里为尊敬之辞。“天师”之号始称张道陵，最早见于《晋书·郝超传》。

2.《西游记》冷知识

金顶大仙其实是道童模样，他身穿锦衣，手持玉拂尘，修为不凡，已练就长生，修成永寿，成了天仙人物。

3.歇后语

孙悟空听见紧箍咒——头痛

孙悟空住在水帘洞——称王称霸

4.冷知识探真

太上老君技艺高超，将紫金铃打造得非常厉害。紫金铃有三个铃铛，第一个幌一幌，有三百丈火光烧人；第二个幌一幌，有三百丈烟光熏人；第三个幌一幌，有三百丈黄沙迷人。烟火还不打紧，只是黄沙最毒，若钻入人鼻孔，就会伤了性命。

过关题典

一、选择题

八戒、沙僧与（　　）在半空中大战。

A. 黄风怪　　B. 哪吒　　C. 黄袍怪

二、俗语理解

《西游记》第八十四回中记载了“我不是夜耗子成精。明人不做暗事，吾乃齐天大圣临凡，保唐僧往西天取经。”

请解释上文中的俗语。

三、句式判断

大圣听得心惊，道：“好狠！好狠！门扇是我牙齿，窗棂是我眼睛。若打了牙，捣了眼，却怎么是好？”扑的一个虎跳，又冒在空中不见。

请你说出上文中的句式特点。

四、简答题

《西游记》第二回中载：“孙悟空在旁闻讲，喜得他抓耳挠腮，眉花眼笑。”

请根据上文中的“抓耳挠腮”来完成下列题目。

1. 释义

2. 近义词

3. 用法

第十一章
起死人而肉白骨

高质量线下相亲会

唐僧

我恐婚！

观音菩萨

我们要重视今天的这场相亲会。

文殊菩萨

看我的表现！

普贤菩萨

那我也得露一手！

骊山老母

怎能少了我的表演？

猪八戒

我只是想脱单。

孙悟空

呆子，叫你不老实！

《西游记》悬疑

※取经队员是真没凡心还是不敢有凡心？

释疑故事

贾夫人希望唐僧能做个家长，可唐僧压根不理会这事，猪八戒想娶媳妇，于是在底下起哄，被唐僧严厉斥责了。孙悟空见猪八戒起了凡心，便回去禀告师傅。唐僧知道后便把猪八戒留在了贾家。猪八戒想独占贾夫人的三个女儿，贾夫人不乐意，用手帕盖住他的头，告诉他捉到哪个就娶哪个，结果猪八戒一个也抓不住。贾夫人又拿出三件锦衣，告诉猪八戒哪件穿得下就娶哪个。结果猪八戒贪心，一下子全套上了，那锦衣瞬间化作绳索，把猪八戒吊了起来，而贾夫人母女四人却瞬间消失了。原来这是观音菩萨和文殊菩萨、普贤菩萨及骊山老母为了点化师徒禅心而设的局。

刨根问底

蟭蟟（jiāo liáo）虫——1. 蝉的一种。2. 传说中的一种小虫。
龟苓膏（guī líng gāo）——以龟（去内脏）、土茯苓、甘草等中药材制成的膏状物。

引申词释义

十八层地狱——佛家指极恶众生死后趋赴受苦的地方，包括刀山、火汤、寒冰等十八种。比喻灾难极其深重的境地。也比喻最低的等级。

说文解字

取经要知道：骷髅（kū lóu）——干枯无肉的死人的全副骨骼。《西游记》第二十七回记载了"唐僧正要念咒，行者急到马前，叫道：'师父，莫念！莫念！你且来看看他的模样。'却是一堆粉骷髅在那里。"

油嘴油舌——形容说话油滑轻浮，同"油嘴滑舌"。《西游记》第三十六回记载了"你这游方的和尚，便是有些油嘴油舌的说话！"

细挖《西游记》

在取经过程中，观音菩萨为唐僧师徒提供了诸多帮助，佛祖尊称她为尊者。因观世音菩萨曾经发愿，任何人在遇到任何灾难时，只要一心虔诚念诵观世音菩萨的圣号，就会得到观世音菩萨的救度，即"观其音声，皆得解脱"，这也是"观世音菩萨"名字的由来。

西游趣谈

孙悟空

我最讨厌那些欺负我的人。

玉皇大帝

你这泼猴，还有人能欺负你？

王母娘娘

就是啊，你大闹天宫，把我们闹得好惨。

孙悟空

这都要怪玉帝，开始就是他骗我，让我上天当什么弼马温。

玉皇大帝

那后来我让你去看守蟠桃园，你吃了那么多仙桃，也该满意了吧？

唐僧

这都是我徒弟不对，我这就念紧箍咒处罚他。

孙悟空

师傅，你别念，我错了！

《西游记》另类悬疑

※唐僧的三个徒弟分别叫孙悟空、猪悟能、沙悟净，而“孙行者”“猪八戒”“沙和尚”则是一种昵称。

大语文拓展

1.人物鉴赏

三千揭谛

揭谛是佛教的护法神，三千揭谛只是一个虚数，是指佛教所有护法。

2.《西游记》冷知识

观音点化过毗婆尸佛、尸弃佛、毗舍浮佛、拘留孙佛、拘那含牟尼佛、迦叶佛、释迦牟尼佛这七位佛祖，实乃他们的人生导师，身份尊贵。

3.歇后语

猪八戒扮新娘——其貌不扬
猪八戒背媳妇——吃力不讨好

4.冷知识探真

唐僧团队取到真经，修成正果，孙悟空发现紧箍消失了！唐僧一语揭秘："当时只为你难管，故以此法制之，今已成佛，自然去矣！岂有还在你头上之理！"

过关题典

一、选择题

唐僧被抓到妖怪的洞府波月洞内见一妇人，自称是（　　）公主，十三年前被黄袍怪捉来。公主劝黄袍怪放了唐僧。唐僧到了该国，向国王递上妇人所托书信。国王恳求八戒、沙僧降妖救女，二人应诺，大战妖怪，八戒难敌，钻入草丛躲藏。沙僧被妖怪擒入洞中。

A. 女儿国　　B. 宝象国　　C. 乌鸡国

二、俗语理解

《西游记》第七十二回载：“远来的和尚好看经。妹妹们！不可怠慢，快办斋来。”

请解释上文中的俗语。

三、句式判断

那些猴，抛戈弃甲，撇剑抛枪；跑的跑，喊的喊；上山的上山，归洞的归洞：好似夜猫惊宿鸟，飞洒满天星。

上文使用了什么句式？

四、简答题

《西游记》第一回载：“漂洋过海寻仙道，立志潜修建大功。”

请据此完成下列题目。

1.“漂洋过海”释义。

2. 译文。

3.“漂洋过海”的用法。

有利有弊哪有完美

唐僧

今夜咱们赏月。

寺中和尚

外来户！

孙悟空

再敢嘚瑟！小心我打扁你！

沙僧

取经虽然辛苦，不过再也不用受那飞剑穿胸的苦了！

唐僧

我也想家了。

孙悟空

师傅，咱们打拼事业不易，要珍惜啊！

唐僧

悟空，这回你说得对！为你点赞！

《西游记》悬疑

※是唐僧取经意念不坚定，还是谁都有脆弱的时候？

释疑故事

唐僧师徒离开平顶山，继续西行，路经乌鸡国的国寺宝林寺，想要在寺中借宿。不料寺中和尚欺负他们是游方僧人，不肯收留，还羞辱唐僧。孙悟空大怒，施展法术，大显神威，和尚们吓得心惊胆战，慌忙迎接唐僧师徒。师徒四人夜宿寺中，赏月谈经，唐僧思乡，孙悟空以月为喻，为其点明"见佛空易，返故田亦易"的道理，唐僧解悟，满心欢喜。八戒、沙僧观月，于佛理亦各有所得。取经路上，唐僧是大家的师傅，但在夜宿宝林寺时，孙悟空何尝不是当了回唐僧的师傅呢！

刨根问底

喇嘛——藏传佛教术语，意为上师、上人，为对藏传佛教僧侣之尊称。
斋僧——以斋食施给僧人。

引申词释义

鹰头雀脑——形容相貌丑陋而神情狡猾。
涧壑（jiàn hè）——山涧沟谷，溪涧山谷，指隐居处。

说文解字

取经要知道：鏖战（áo zhàn）——激烈而又艰辛地战斗。《西游记》第七回记载了“早有佑圣真君，又差将佐发文到雷府，调三十六员雷将齐来，把大圣围在垓心，各骋凶恶鏖战。”

七长八短——形容高矮、长短不齐。也指不幸的事。《西游记》第九十一回记载了“又见那七长八短、七肥八瘦的大大小小妖精，都是些牛头鬼怪，各执枪棒。”

细挖《西游记》

加入取经队伍前的沙僧每隔 7 天就要在流沙河受飞剑穿胸之苦百余次。沙僧原在天庭当过卷帘大将，是玉帝身边的贴身侍卫，可以说是玉帝的心腹，可为何只因打碎了一个琉璃盏就被玉帝贬下界去，并且还要受飞剑穿胸之苦呢？

西游趣谈

孙悟空

我就是劳碌命！

有来有去

我栽在毛猴子手里了。

赛太岁

我的得力干将有来有去哪去了？

孙悟空

他罢工了，现在改名有去无回了。

赛太岁

他怎么会罢工呢？我对他那么好。

孙悟空

他觉得你要用紫金铃害死全国的人，实在太缺德了，不愿意给你卖命了！

紫金铃

只要一摇动，我就会喷出烟火和沙子。

朱紫国国王

我要让全国百姓加强消防，植树造林，这样就不怕烟火飞沙了。

《西游记》另类悬疑

※孙悟空从八卦炉逃出后，天庭的神仙们不是就地拦截打杀，而是急忙避让。

大语文拓展

1.人物鉴赏

有来有去

妖怪赛太岁手下有一名巡山小妖，名为“有来有去”，他的出场时间少之又少，刚出场没多久就被孙悟空一棒打死了。《西游记》第七十回载：“（行者）望小妖脑后一下，可怜就打得头烂血流浆迸出，皮开颈折命倾之！”

2.《西游记》冷知识

《西游记》里第一个想吃唐僧肉的妖怪是白骨精，之前出场的妖怪都没有产生过这样的念头。有人分析说，这是因为唐僧吃了人参果，所以他的肉有了长生不老的功效。

3.歇后语

猪八戒搽粉——自以为美

猪八戒吃炒肝——自残骨肉

4.冷知识探真

地府的最高领导人地藏王菩萨是佛派四大菩萨之一，他支持取经计划，孙悟空即便是把地府闹翻天，他也不会还手，而是按照之前的计划上报给玉帝处理。

过关题典

一、选择题

沙僧前身为天庭的卷帘大将，因失手打碎琉璃盏被贬下凡，盘踞在流沙河成为妖怪，以人为食，后被观世音菩萨指点成为唐僧徒弟之后，历经千辛万苦到达西天，被封为（　　）。

A. 斗战胜佛　　B. 金身罗汉　　C. 净坛使者

二、俗语理解

《西游记》第八十八回载："教便也容易，只是你等无力量，使不得我们的兵器，恐学之不精，如'画虎不成反类狗'也。"

请解释上文中的俗语。

三、阅读理解

《西游记》，鲁迅先生称之为"神魔小说"，林庚先生称之为"童心之作"，是四大名著中我们最早熟知的。它被绘成连环画，制成动画片，拍成电视剧。

《西游记》以唐代高僧玄奘到印度取经为原始素材创作。吴承恩在做了多年资料积累后才动笔创作，历时多年才完成了这部堪称世界文学瑰宝的文学作品。

请结合上文回答下列问题。

1.《西游记》全书共一百回，情节可分为有机联系的哪四部分？

2.《西游记》的四个部分又各自包含若干小故事，这样的结构有什么好处？

英雄出少年

孙悟空：我先进洞打探一番。

红孩儿：我要和老爸共享唐僧肉。

观音菩萨：悟空，随我来。

莲花宝座：快坐到这里来。

红孩儿：啊？怎么扎我屁股？

孙悟空：你以为没人能治得了你？

红孩儿：我是小孩，你们大人欺负小孩！不公平！

《西游记》悬疑

※孙悟空号称齐天大圣，却连个毛孩子都打不过？

释疑故事

孙悟空潜入火云洞，打听到红孩儿要请父亲牛魔王来共享唐僧肉，于是变作牛魔王，并被那些不明真相的小妖请到洞中，但最终被红孩儿识破了 。双方随即混战一场，孙悟空跳出山洞，与红孩儿大战几回都失败了。他只好来到南海再次求观音菩萨，观音菩萨带了法宝，跟着孙悟空来到火云洞。红孩儿坐上观音的莲花宝座，结果被刀刃扎伤。之后红孩儿谎称皈依，观音收回尖刀后，红孩儿却变脸，再次执枪攻击观音。观音见状，从袖里取出金箍，分别套在红孩儿的头上和双手、双脚上，红孩儿疼痛难忍，只得归顺，最后做了善财童子。

刨根问底

琼液——1. 道教所谓的玉液。服之长生。2. 美酒。3. 其他嘉美液汁。

分瓣梅花计——分散团体实力，以一对一先各个击破，最后攻入中心，达到最终目的。

引申词释义

迎风冒雪——迎：对着，冲着。顶着寒风，冒着大雪。常形容旅途艰辛。

遇水叠桥——遇水阻拦，就架桥通过。形容不怕阻力，奋勇前进。

说文解字

取经要知道：绣墩——绣墩，又称坐墩，因常铺锦披绣，故亦称“绣墩”。《西游记》第四十五回记载了“国王展开方看，又见黄门官来奏：‘三位国师来也。’慌得国王收了关文，急下龙座，着近侍的设了绣墩，躬身迎接。”

细挖《西游记》

在生命的最后时刻，玄奘甚至失去了自由，他要在守卫的监视下进行译经工作，即使重病也得不到及时治疗。玄奘最后的工作场所位于今陕西省铜川市玉华山中的玉华寺（已毁），这里本是皇家避暑胜地，但冬季却非常冷。

西游趣谈

唐僧

我想你们了，徒儿们。

孙悟空

我已经告老还乡了。

孤直公

我居然打不过猪八戒。

猪八戒

我还不能有点业绩啊?

玉帝

毛猴子有啥需要，尽管说啊!

孙悟空

发扬我们取经精神！我要创业了。

《西游记》另类悬疑

※高昌故城位于新疆维吾尔自治区吐鲁番市高昌区二堡乡。外城内西南有一寺院，东西长约 130 米，南北宽约 85 米，占地约 1 万平方米。大殿内尚残存壁画痕迹。唐代高僧玄奘西游取经，曾在此寺内讲经。

大语文拓展

1.人物鉴赏

孤直公

孤直公是《西游记》第六十四回“荆棘岭悟能努力 木仙庵三藏谈诗”中的人物，他霜姿丰采，能够和唐僧谈经论佛，是荆棘岭木仙庵中的“四操”之一，后来被猪八戒打死了。

2.《西游记》冷知识

在《西游记》中，托塔天王李靖除了金吒、木吒、哪吒三个儿子，还收了金鼻白毛老鼠精做干女儿。

3.歇后语

猪八戒吃西瓜——独吞

猪八戒充英雄——只是嘴皮子拱得欢

4.冷知识探真

观音菩萨曾经向孙悟空承诺“叫天天应，叫地地灵”，而观音菩萨只是五方五老之一，并没有这样的权限，这么大的权力三界之内只有玉帝拥有，可见对于孙悟空请求支援的问题，玉帝是开了金口的。

过关题典

一、选择题

黄袍怪变为一美男子，前往宝象国探望岳丈国王，将唐僧变为（　　）。白龙马变为宫娥，举刀暗算黄袍怪，被打中后腿。八戒要回高老庄，白龙马劝他去找孙悟空。孙悟空拒绝，八戒下山大骂，被众猴捉回。

A. 大象　　　　B. 狮子　　　　C. 猛虎

二、俗语理解

《西游记》第九十六回载："没奈何，却在那破房之下，拣遮得风雨处，将身躲避。密密寂寂，不敢高声，恐有妖邪知觉。坐的坐，站的站，苦捱了一夜未睡。咦！真是个：泰极还生否，乐处又逢悲。"

请解释上文中的俗语。

三、美文赏析

势镇汪洋，威宁瑶海。势镇汪洋，潮涌银山鱼入穴；威宁瑶海，波翻雪浪蜃离渊。木火方隅高积土，东海之处耸崇巅。丹崖怪石，削壁奇峰。丹崖上，彩凤双鸣；削壁前，麒麟独卧。峰头时听锦鸡鸣，石窟每观龙出入。林中有寿鹿仙狐，树上有灵禽玄鹤。瑶草奇花不谢，青松翠柏长春。仙桃常结果，修竹每留云。一条涧壑藤萝密，四面原堤草色新。正是百川会处擎天柱，万劫无移大地根。

请从你的角度赏析上文。

第十二章

行百里者半九十

不守信用必然吃亏

灵感大王：这地方不错，归我了！

老鼋：我连自己家都保护不了！

唐僧：可算是回来了。

老鼋：不知我托您问的事如何了？

孙悟空：这记性，哎，真的忘了老鼋这事了。

老鼋：让你们不守信用！扔水里去！

《西游记》悬疑

※取经团队是真的忘了人家的嘱托，还是压根就没想帮忙？

释疑故事

通天河原来的主人是老鼋，老鼋许多儿女都死在灵感大王手里。为了制服灵感大王，孙悟空去南海请观音菩萨，最后观音菩萨用鱼篮收走了灵感大王。老鼋为了报答孙悟空，驮着唐僧师徒渡过了通天河。临别之时老鼋请唐僧帮忙问佛祖自己什么时候能修成人身。可等唐僧师徒到了灵山时，早已忘了这事，所以他们取经返回再次遇到老鼋时无法告知其答案，因此又经历通天河落水一难。

刨根问底

判官——阴间官名。长相凶神恶煞，但绝大部分都心地善良、正直，职责是判处人的轮回生死，对坏人进行惩罚，对好人进行奖励。

哮天犬——在《西游记》里只写二郎神带着“细犬”，并没有出现“哮天犬”的字样。在《封神演义》里才有哮天犬的说法。实际上二郎神还带着一只鹰，民间给它取名为“扑天鹰”。

引申词释义

真人不露相——指得道的人不以形相现于人前。借喻不在人前露脸或暴露身分。

整旧如新——修整陈旧的、破损的东西，使之如同新的一样。

说文解字

取经要知道：皈依（guī yī）——佛教语，原指佛教的入教仪式。《西游记》第五回记载了“九曜星道：‘吾奉玉帝金旨，帅众到此收降你，快早皈依！免教这些生灵纳命。’”

簪冠（zān guān）——插簪于冠，指戴帽子。《西游记》第五回记载了“只见那猴王脱了冠服，爬上大树，拣那熟透的大桃，摘了许多，就在树枝上自在受用，吃了一饱，却才跳下树来，簪冠着服，唤众等仪从回府。”

细挖《西游记》

唐僧的遗体先葬于长安城浐河东岸的白鹿原，后迁往兴教寺。现在的护国兴教寺香火旺盛。

西游趣谈

唐僧

大仙息怒，我徒弟偷果子，毁了人参果树，都是我不对。

镇元子

还砸了我一口锅！

孙悟空

一猴做事一猴当，别为难我师傅！

镇元子

看你还挺讲义气的，我跟你结拜为兄弟！

孙悟空

大哥你有什么事，小弟赴汤蹈火！

镇元子

再往前会遇到个白骨夫人，帮我搞定她！

白骨精

我这是招谁惹谁了啊。

《西游记》另类悬疑

※白骨精在镇元子的附近存在了那么久，而镇元子的实力也很强，那他自己怎么不去收拾白骨精？这明显是把齐天大圣当成了工具人。

大语文拓展

1.人物鉴赏

压龙大仙

压龙大仙住在压龙山压龙洞，是金角大王和银角大王的母亲，她的得力法宝是幌金绳。金角大王和银角大王派小妖去请压龙大仙来吃唐僧肉，但主要目的还是让其帮忙对付孙悟空。谁知这老太太在来的路上就遇到了孙悟空，并被孙悟空轻易就灭了。现出原形后才知她是一只九尾狐狸。

2.《西游记》冷知识

沙僧自打下凡后，再没上过天庭。

3.歇后语

猪八戒打蚂蚱——笨手笨脚

猪八戒戴眼镜——假斯文

4.冷知识探真

孙悟空不在花果山的时候，猴子猴孙们经常受欺负。孙悟空离开花果山的时候，花果山约有 4.7 万只猴子猴孙，等他回来时只剩下几千只小猴子。

过关题典

一、选择题

“师兄是个有仁有义的君子，君子不念旧恶，一定肯来救师父一难”，唐僧被变作老虎，(　　)提议去找孙悟空救师傅。

A. 猪八戒　　B. 沙悟净　　C. 白龙马

二、俗语理解

《西游记》第八十三回中记载了“常言道：‘告人死罪得死罪’须是理顺，方可为之。”

请解释上文中的俗语。

三、填空题

________这天，孙悟空喝光了宴会用的仙酒，还闯入太上老君的丹房，吃尽了葫芦内的________，然后回到了________。玉帝对孙悟空甚为痛恨，命令四大天王、托塔李天王和哪吒太子去捉悟空，________天兵被悟空打败。玉帝又派________来战孙悟空。________抛下________击中孙悟空，方才将他捉拿。

男人怀孕天方夜谭

子母河

我就是能让你怀孕！

照胎泉

来，照一下！

落胎泉

不想生孩子来找我！

如意真仙

家仇必报！

唐僧

我怎么能怀孕？

八戒

我的肚子更大了！

《西游记》悬疑

※男人怎么能怀孕？不过是作者用心抖了个包袱而已。

释疑故事

取经团队来到子母河，唐僧、猪八戒喝了河中水，腹内疼痛难忍。一番打听才知道原来西梁女国没有男人，凡女子年满二十岁可饮河中之水，这样就能繁衍后代。据说城外有一座迎阳馆驿，驿门外有一个照胎泉，喝了子母河的河水，到照胎泉照一下，如果照出了双影，就会生孩子。孙悟空找到落胎泉，想治疗唐僧、猪八戒，可这落胎泉却被如意真仙抢占了。如意真仙是牛魔王的兄弟，孙悟空取水时他多番阻挡，孙悟空无奈之下只得回去叫沙僧与他同去。随后孙悟空用调虎离山之计引出如意真仙，沙僧则拿着吊桶取水。唐僧、八戒喝了落胎泉的水后突觉肚子疼得厉害，之后大小便数次，才渐渐消了肿胀，化了腹内血团肉块。

刨根问底

鼍龙——《西游记》中的角色，泾河龙王的第九个儿子，西海龙王的外甥。
功曹——古代官职。汉代、北齐和唐代都设有该官职。

引申词释义

紫绶金章——紫色印绶和金印，古丞相所用。借指高官显爵。
叠岭层峦——叠：重叠；层：重复，接连出现。形容山峦重叠连绵不断。

说文解字

取经要知道：禽有禽言，兽有兽语——指禽兽之间有各自沟通了解的方法。《西游记》第一回记载了“古云：‘禽有禽言，兽有兽语。’”

酕醄（máo táo）——指大醉的样子。《西游记》第五回记载了“大圣却拿了些百味八珍，佳肴异品，走入长廊里面，就着缸，挨着瓮，放开量，痛饮一番。吃够了多时，酕醄醉了。”

细挖《西游记》

净坛使者是具体做什么工作的呢？实际上他的基本工作内容就是管理如来佛祖的贡品，类似于现在的国库总管，当然也要负责清理没用的贡品，此职务可享受八方香火。

西游趣谈

八戒

原来是让我来吃你们剩下的好吃的啊！

赛太岁

我就爱美人。

孙悟空

艺多不压身！

太上老君

炼丹我有秘诀！

土地公公

一方水土养一方人，我这里山清水秀。

金圣宫娘娘

永远铭记大圣的救命之恩。

《西游记》另类悬疑

※唐僧师徒一路西行，走过了十万八千里，可吃到的食物却一直是米饭、蘑菇、木耳、豆腐、面筋、芋头、萝卜这几样，可见作者被日常生活限制了想象力。如果换作今天的人来写，走到新疆就会吃馕，走到天竺就应该吃咖喱了。

大语文拓展

1.人物鉴赏

金圣宫娘娘

金圣宫娘娘就是朱紫国国王的王后。麒麟山上太岁府里的赛太岁强行掳走了金圣宫娘娘，把朱紫国国王吓得一病不起。孙悟空让金圣宫娘娘施美人计，自己则变为女婢春娇偷了赛太岁的紫金铃，最终战胜了妖怪，救出了金圣宫娘娘。

2.《西游记》冷知识

《西游记》中一共出现了两把芭蕉扇，铁扇公主的那把可以灭火，而金角、银角大王从太上老君那儿偷走的那把扇一下反而会冒出熊熊烈火。

3.歇后语

猪八戒进了女儿国——神魂颠倒

猪八戒进屠场——自己贡献自己

4.冷知识探真

唐僧遇难不知该怎么办时，很多时候是孙悟空念咒语拘传当地的土地公公，进而得到土地山神的指点。

过关题典

一、选择题

那妖邪将三藏捉住，引群精径回水府，厉声高叫："鳜妹何在？"老鳜婆迎门施礼道："大王，不敢！不敢！"妖邪道："贤妹何出此言！'一言既出，驷马难追。'原说听从汝计，捉了唐僧，与你拜为兄妹。今日果成妙计，捉了唐僧，就好昧了前言？"选文中的妖怪是谁？（　）

A. 泾河龙王九儿子　　B. 鹿力大仙　　C. 灵感大王

二、阅读活动

1. 唐僧师徒四人以及白龙马能够一起西行取经实属不易，这五者都有自己的前世今生，请据此完成表格。

人物	前世官职	下凡缘由	收服地点	典型情节	性格特点
孙悟空			五指山		
猪八戒	天蓬元帅				
沙僧		失手打破琉璃盏			
白龙马					

2. 辩论会

以"在现代职场中，孙悟空、猪八戒谁更受欢迎？"为辩题，组织一场班级辩论会。

3. 综合作答

《西游记》中，我们会看到各路神仙，这些神仙大都灵力高强，或为唐僧师徒制造磨难，或助其降妖除魔，也是《西游记》中不得不说的形象。请据此填表。

神仙	故事情节	性格特点
如来佛祖		
观音菩萨		
太上老君		
二郎真君		

别瞧不起我们毫毛

唐僧

这可咋办？

孙悟空

我变成苍蝇吓死你们！

小妖

好怕啊！

阴阳二气瓶

在我这里，有你好受的，毛猴子！

毫毛

我来救你！

狮怪

快进我的肚里来！

孙悟空

耍酒疯，那是我的强项！

《西游记》悬疑

※毫毛居然成了最厉害的武器？

释疑故事

小钻风说：“我们每一个大王都很厉害，其中最厉害的是三大王，随身的阴阳二气瓶一时半刻就能将人变成水。”孙悟空杀死真的小钻风，自己又变成他的模样，直奔妖怪洞口。看到千万小妖在操练，就吓唬他们说：“孙行者会变成芝麻大小的苍蝇，从门缝里钻进来！”小妖们个个都很害怕。后来三大王把孙悟空关进了阴阳二气瓶，瓶内出现烈火、蛇和火龙，他忙拔下观音给他的救命毫毛，变成钻子钻透瓶子逃了出去。后来孙悟空又被狮怪吞进肚子里，还饮药酒想毒死孙悟空，不料被孙悟空折磨得死去活来。最后孙悟空总算逃出了这个可怕的狮驼岭。

刨根问底

定风丹——定住风的一种法宝，手持它就无惧各种风。
莲花宝座——本是天界讲经堂外灵池中的莲花，经过天界仙水的滋润，不断吸取天地精气，最终获得神性，化为莲花宝座。

引申词释义

得见青天——冤屈得到伸张。
虹霓（hóng ní）——雨后或日出、日没之际天空中所现的七色圆弧。

说文解字

取经要知道：厮混（sī hùn）——相处。《西游记》第六十一回记载了“那牛王奋勇而迎。这场比前番更胜，三个英雄，厮混在一处。”

猿啼鹤唳(yuán tí hè lì)——猿和鹤凄厉地啼叫。常用来形容恐怖的气氛。《西游记》第三十回记载了“青如削翠，高似摩云。周围有虎踞龙蟠，四面多猿啼鹤唳。”

细挖《西游记》

黄风怪的三昧神风是孙悟空最怕的法术之一，其实原本孙悟空并不怕风沙，可因为他被太上老君放进八卦炉中烧了七七四十九天，被里面的烟气熏坏了眼，所以无法抵御三昧神风。

西游趣谈

土地公公

大圣，你能不能推倒人参果树?

孙悟空

一定能!

黄风怪

三昧神风显威风!

太乙天尊

九灵元圣，还不回家吃饭!

黄狮精

没人保护我了，呜呜呜。

伏狸

没人保护我了，呜呜呜。

孙悟空

给我上点眼药水。

《西游记》另类悬疑

※狮子的故乡在非洲、印度、南美等地，在中国古代是没有狮子的，所以在我国古代的绘画和雕塑作品里，狮子的形象并不写实。《西游记》里的狮子精和九头狮子也是如此，它们都以妖兽的形象出现。

大语文拓展

1.人物鉴赏

伏狸

伏狸（lí）居住在天竺国玉华州的竹节山上，使用的兵器是一把钺（yuè）斧，与黄狮、猱（náo）狮、雪狮、狻猊、白泽、抟象共拜九灵元圣为祖翁。太乙天尊收回九灵元圣，除黄狮精被打死外，其余六头狮子被宰杀。

2.《西游记》冷知识

狮子象征着威猛和权威，文殊菩萨则是智慧的化身，他骑在狮子背上，象征着用智慧来驾驭力量。

3.歇后语

猪八戒投胎——走错了门

猪八戒西天取经——三心二意

4.冷知识探真

加入取经团队前，令猪八戒最自豪的就是他曾担任过天庭的天蓬元帅，掌管着天河的 8 万水军，职位类似于天庭的海军司令。

过关题典

一、选择题

行者道："我师父乃忠良正直之僧，岂有偷你甚么妖物之理？"妖魔道："我在山路边点化一座仙庄。你师父潜入里面，心爱情欲，将我三领纳锦绵装背心儿偷穿在身，见有赃证，故此我才拿他。你今果有手段，即与我比试。假若三合敌得我，饶了你师之命；如敌不过我，教你一路归阴！"

是谁偷走了妖怪的纳锦绵装背心？（　）

A. 孙悟空　沙僧　　B. 猪八戒　沙僧　　C. 孙悟空　猪八戒

二、俗语理解

《西游记》第九十六回中记载了"常言道：'起头容易结梢难'，只等我做过了圆满，方敢送程。"

请解释上文中的俗语。

三、列举题

《西游记》将取经路上的千难万险形象化为妖魔鬼怪，妖魔形象种类繁多，基本可以分为两大类：一是和天上沾亲带故的；二是地上修炼成精的。请列举出其中的一些典型角色。

1. 天上的妖魔鬼怪。

2. 地上的妖魔鬼怪。

有“礼”走遍天下

金顶大仙

热烈欢迎你们！

唐僧

太感谢您了！

如来佛祖

你们去拿真经吧！

阿傩

没带礼物来吗？

紫金钵盂

我成了贿赂的礼物了，唉！

唐僧

我唐僧也免不了俗啊！

经书

我有两个版本：无字和有字。

《西游记》悬疑

※神仙也索贿？

释疑故事

到了玉真观，唐僧师徒受到金顶大仙的欢迎。

唐僧师徒乘无底船来到灵山。一行上山直至雷音寺，拜见如来佛祖。如来佛祖命二尊者引他们到珍楼用斋，并入宝阁选经。

二尊者想借机要点好处。孙悟空不肯行贿，结果取来的竟是无字经书。他们重返灵山告状，佛祖却不责怪二尊者。师徒只好把紫金钵盂送给尊者，才最终取得有字真经，并一一受封佛号。

刨根问底

钵盂——古代和尚用的饭碗。形稍扁，底平。
笊篱——亦作“爪篱”。用竹篾、柳条或铁丝等编成的一种长柄勺形用具，能漏水，用来在油、汤里捞东西。

引申词释义

君子不念旧恶——指有道德修养的人不把过去的仇怨记在心里。

说文解字

取经要知道：**鸡儿不吃无工之食**——比喻人不能无缘无故接受优待或赠予。《西游记》第四十七回记载了“行者道：‘贤弟，常言道鸡儿不吃无工之食。你我进门，感承盛斋，你还嚷吃不饱哩，怎么就不与人家救些患难？’”

细挖《西游记》

紧箍不只是给孙悟空戴过，在《西游记》中，偷袈裟的黑熊怪最后也被观音菩萨戴上了金箍。熊罴怪原是一头黑熊，住在黑风山的黑风洞里，修行多年成为精怪，使一柄黑缨长枪，善于变化，手段也很厉害，后被观音菩萨收为守山大神。

西游趣谈

黑熊怪

老孙，我也戴上了金箍。

嫦娥

我是职业女性，请尊重我的工作。

猪八戒

一不开心，我就想回家。

孙悟空

快跟我一起打扫卫生！

猪八戒

大师兄，我这忙着扫地呢！

沙僧

我去倒垃圾。

《西游记》另类悬疑

※《西游记》中观音菩萨手下有一个鬼仙——鬼子母，在孙悟空到达观音道场珞珈（luò jiā）山时，原著曾提到过鬼子母。

大语文拓展

1.人物鉴赏

嫦娥

民间传说中的嫦娥指一个特定的名字，也就是大家熟知的奔月的女子。《西游记》中的嫦娥是属于月宫的女神仙，所有的月宫仙女都叫嫦娥。

2.《西游记》冷知识

每次遇到事，猪八戒都要闹着分行李，然后各回各家，但是每次都被沙僧给拦了下来。

3.歇后语

孙悟空钻进铁扇公主肚子里——心腹之患

王母娘娘的蟠桃——再好也吃不到

4.冷知识探真

妖怪被后台救走或者被孙悟空打死后，孙悟空一般会带着猪八戒、沙僧将洞穴清理一番，基本上都会杀死小妖，然后烧了妖怪的洞府。

过关题典

一、问答题

唐太宗派唐僧去哪里取什么真经？

二、简答题

太上老君即奏道："我那五壶丹，有生有熟，被他都吃在肚里，运用三昧火，煅成一块，所以浑做金钢之躯，急不能伤。"

请写出上述内容讲的是《西游记》里的什么故事？

三、选择题

八戒与沙僧拜问道："这鱼儿怎生有那等手段？"菩萨道："他本是我莲花池里养大的金鱼，每日浮头听经，修成手段。那一柄九瓣铜锤，乃是一枝未开的菡萏，被他运炼成兵。"

选文中的"他"是谁？（　　）

A. 通天河里的灵感大王　　B. 红孩儿　　C. 泾河龙王九儿子

四、填空题

在_________孙悟空大战三魔时，被青毛狮子精吞入肚内。为了制服狡猾的妖精，孙悟空把_______变为_______，拴在妖精的_______上，悟空出来后跳到山顶上，拉着绳子，一提一放，像放风筝一样，把妖精疼得死去活来。

神仙妖怪都来凑数

观音菩萨

怎么才八十难？还差一难呢！

揭谛

还得给你们制造一难。

老鼋

让我去，扔水里不就得了。

猪八戒

累死宝宝了，全是我捞上来的。

孙悟空

马上到家了，也不让我歇会。

白龙马

游会儿泳，真凉快！

观音菩萨

祝贺你们大功告成！

《西游记》悬疑

※见过凑钱的，没见过凑“难”的？

释疑故事

观音菩萨给西天取经团队预设了八十一难，返程时，发现他们只经历了八十难。

观音菩萨指示揭谛再创造一难，这个艰巨的任务就让老鼋来执行了。

老鼋驮唐僧师徒渡河，但因唐僧忘记向如来问他所托之事而将师徒四人和白龙马抛到河中。师徒们挣扎上岸，幸亏有猪八戒的九齿钉耙，最后猪八戒费了九牛二虎之力才从水里把经书捞上来。师徒经历八十一难，终于取得真经，回到大唐。

刨根问底

地煞——古代星相家所称主凶杀之星；泛指凶神恶鬼，比喻恶势力。

凌云渡——天恒山卧龙寺前天然形成的峡谷，宽约 80 米，取名凌云渡，源于《西游记》中的典故。

引申词释义

赊三不敌见二——比喻空许的好处比不上现有的。

百尺竿头须进步——比喻不满足已有的成就，还要继续努力，以取得更大的成绩。

说文解字

取经要知道：送走了猴子来了个姓孙的——比喻人或事情难以应付。

一口气吹灭火焰山——比喻人说话的气势很大。

细挖《西游记》

观音菩萨用一片莲花花瓣作舟，然后吹一口气就能渡孙悟空过南海。南海观音菩萨善用莲花，其用处有很多，不仅可以当椅子，还可以当武器。

西游趣谈

观音菩萨

吹口气，送猴子去。

孙悟空

这比我翻跟头省力气。

大鹏金翅雕

我好像比毛猴子跑得慢。

弥勒佛

笑一笑，十年少。

筋斗云

猴子能跑那么快，都是我的功劳。

六耳猕猴

我没有筋斗云，也能和猴子跑得一样快。

玉皇大帝

上面的两个，你们超速了，等下到天庭把罚金交一下。

《西游记》另类悬疑

※《西游记》里的很多妖怪明明都有些本事，却不好好地做自己的本职工作，非要招惹伟大的取经团队，真是自寻死路。

大语文拓展

1.人物鉴赏

大鹏金翅雕

大鹏金翅雕绰号云程万里鹏。他到狮驼洞与青狮、白象结为兄弟，组团去吃唐僧肉。金翅大鹏雕的翅膀一拍能飞九万里，没有孙悟空的筋斗云快。

2.《西游记》冷知识

“大肚能容容天下难容之事，开口便笑笑天下可笑之人”说的就是**弥勒佛**。弥勒佛是竖三世佛之一，也是如来佛祖的接班人，在《西游记》中也称作东来佛祖。

3.歇后语

玉皇大帝吃稀饭——**装穷**

玉皇大帝翻跟头——**天翻地覆**

4.冷知识探真

六耳猕猴和孙悟空的本领一模一样，甚至连速度都一样快。

过关题典

一、选择题

行者道："把那个耙子嘴，揣在怀里，莫拿出来；把那蒲扇耳，贴在后面，不要摇动，这就是收拾了。"这句话是孙悟空对哪个人物说的？（　　）

A. 猪八戒　　B. 铁扇公主　　C. 红孩儿

二、阅读理解

沉沉宫漏，荫荫花香。绣户垂珠箔，闲庭绝火光。秋千索冷空留影，羌笛声残静四方。绕屋有花笼月灿，隔空无树显星芒。杜鹃啼歇，蝴蝶梦长。银汉横天宇，白云归故乡。正是离人情切处，风摇嫩柳更凄凉。

请写出你对上文的理解。

三、美文赏析

影动星河近，月明无点尘。雁声鸣远汉，砧韵响西邻。归鸟栖枯树，禅僧讲梵音。蒲团一榻上，坐到夜将分。

请赏析上文。

过关题典参考答案

第一章

第7页

一、问答题

因为是猢狲，取姓为孙，排行第十为悟，故取名为孙悟空。

二、选择题：D

三、连线题

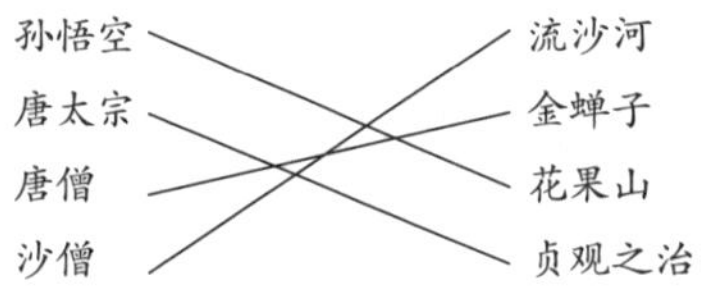

四、阅读理解

略

第13页

一、选择题：A

二、问答题

闹龙宫：抢夺龙王的定海神针作为自己的兵器。闯冥府：勾掉生死簿以求长生不老。闹天宫：与玉皇大帝争夺宝座。

三、简答题

美猴王：东胜神洲傲来国有一花果山，山顶一石，产下一猴。因为机智勇敢，本领高强。率先为众猴找到了一个安身立命的好去处——水帘洞，故被尊称为“美猴王”。

孙悟空：石猴拜菩提祖师为师学艺，祖师因为他是猴子（猢狲），为他取姓为孙，法名为悟空，得名孙悟空。

弼马温：玉皇大帝欲遣兵捉拿孙悟空，太白金星建议把孙悟空召入天庭做“弼马温”。

齐天大圣：当猴王得知弼马温只是个管马的小官后，便打出天门，返回花果山，自称“齐天大圣”。

斗战胜佛：经观世音菩萨点化，保护唐僧西天取经，历经九九八十一难，取回真经终成正果。他嫉恶如仇，英勇无畏，取经后被封为斗战胜佛。

第19页

一、选择题：A

二、阅读理解

1. 孙悟空三打白骨精

2.（1）孙悟空善于识别妖魔诡计；机智、勇敢

（2）唐僧不辨妖魔，不辨是非，耳根子软（立场不坚定）（说明：“不辨妖魔”和“不辨是非”答其一即可）

三、猜谜题：银角

第二章

第27页

一、选择题：B

二、填空题

猪八戒，示例：八戒大战流沙河，高老庄娶亲

三、猜谜题：少见多怪

四、简答题

“美猴王”的称号是在花果山得来的，他发现水帘洞，为猴群找到安身立命之所，故被猴群尊称为“美猴王”。

他向菩提祖师拜师学艺，祖师因他为猢狲，为他取姓“孙”，法名“悟空”，他后来听从观音菩萨的劝告，拜唐僧为师去西天取经，开始正式用“孙悟空”这一名字。

第33页

一、选择题：A

二、简答题

例：孙悟空降妖除魔，洞察各种妖邪，不怕蒙屈念咒，拒绝任何诱惑，哪是野猴？猪八戒云栈洞大战孙悟空，对唐僧、孙悟空的话言听计从，忠心耿耿，为唐僧西天取经立下汗马功劳，何为蠢猪！沙和尚武艺高强，不畏强敌，保护唐僧西天取经，一路上任劳任怨，忠心不二，哪是忍者！

三、阅读理解

1. 猪八戒　示例：八戒大战流沙河，高老庄娶亲

2. 唐僧师徒四人为取真经，行至宛子山前。在宛子山波月洞内，住着一个千年尸魔白骨精。为了吃唐僧肉，先后变幻为上山送斋的村姑和朝山进香的老妪，全被孙悟空识破。唐僧却不辨人妖，反而责怪孙悟空恣意行凶，连伤母女两命，违反戒律。白骨精心有不甘，第三次又变成老丈被孙悟空识破。孙悟空为除后患拘来土地神兵围住白骨精，第三次打死它。白骨精身上现出“白骨夫人字样”。猪八戒故意挑拨，唐僧盛怒之下写下贬书，将孙悟空赶回了花果山。（意对即可）

第39页

一、选择题：C

二、简答题

主要有两次：一是唐僧刚收孙悟空为徒弟时，唐僧埋怨孙悟空残害生灵，孙悟空气不过，逃回花果山，后在观音菩萨的调解下，又重新回到唐僧身边，菩萨还传授给了唐僧紧箍咒；二是孙悟空三打白骨精，唐僧埋怨孙悟空乱杀无辜，孙悟空一气之下又返回花果山，后唐僧宝象国遇难，猪八戒用激将法将其请出。

三、连线题

《红楼梦》	万寿山大仙留故友
《三国演义》	赤发鬼醉卧灵官殿
《水浒传》	比通灵金莺微露意
《西游记》	荆州城公子三求计

万寿山大仙留故友	探宝钗黛玉半含酸
赤发鬼醉卧灵官殿	博望坡军师初用兵
比通灵金莺微露意	五庄观行者窃人参
荆州城公子三求计	晁天王认义东溪村

第45页

一、简答题

唐僧师徒路过火焰山，为借铁扇公主的芭蕉扇，孙悟空前往翠云山，却因家仇被扇到小须弥山。第二次去借时，孙悟空化作虫子钻进铁扇公主的肚子里，却只得到假扇。第三次借时，孙悟空假扮牛魔王骗出了真扇，却又被化作猪八戒的牛魔王夺回。后在李天王等天兵天将的帮助下取得芭蕉扇灭了火。

二、阅读理解

1. 罗刹女，即铁扇公主。

2. 孙悟空请观音菩萨将红孩儿收作善财童子，与铁扇公主母子分离。

3. 孙悟空对罗刹女“虽然生狠怒”，但还是“有意说亲由”，是因为他要借罗刹女的芭蕉扇去扇灭火焰山之火。

三、选择题：B

第51页

一、综合题

1. C A B D

2. 二郎神（或二郎真君）；孙悟空

二、阅读理解

1. 明　吴承恩

2. 表现了猪八戒贪吃、急躁的性格特点

第57页

一、填空题

搅乱蟠桃会大闹天宫　五行山　护送唐僧西天取经

二、阅读理解

精神：不屈不挠的反抗精神。 举例：孙悟空大闹天宫。他被骗到天庭，屡遭羞辱，于是大搅蟠桃会、偷御酒、吃仙丹，勇斗神兵，虽败犹荣。

第63页

一、阅读理解

1. 孙悟空大闹天宫，如来佛祖佛制服孙悟空并压他在五行山（两界山）下。

2. "哭"反映了孙悟空的自尊心强，"跪"又表现他忍辱负重（或机智灵活、随机应变、能曲能伸、重情重义等）的性格。

二、猜谜题

谜底：眼看喜。

第三章

第71页

一、填空题

老妇行苦肉计；老者设离间计；嫉恶如仇、敢于斗争、善于斗争（答案不唯一）

二、综合题

1.A E G

2. 有着无比丰富的艺术想象力；全书故事的描写充满幽默和风趣，给读者以浓厚的兴味；塑造了一群生动形象的人物，既有神性或魔性，又有人性，还有物性，显得妙趣横生而又合情合理；是一部鼓舞人积极斗争、永不灰心、为达到目标而百折不挠的书。（写出两点即可）

第77页

一、简答题

略

二、填空题

敢作敢当

三、补足歇后语

（猪八戒）照镜子——里外不是人

（猪八戒）见高小姐——改换了头面

（孙悟空）钻进铁扇公主肚里——心腹之患

第83页

一、选择题：C

二、阅读理解

1. 熊罴怪

2. 孙悟空请观音变为道士，劝熊怪服下孙悟空变的长寿仙丹。孙悟空在肚内使熊怪疼痛难忍，观音乘机用禁箍降伏了熊怪，让他交回袈裟，皈依佛门。

第89页

一、选择题：B

二、简答题

1. 有一天，群猴在水边洗澡，溯流而上发现一股瀑布。石猴率先跃入瀑布中，发现瀑布后有个天然的大石洞，他就率领群猴入住其中……

2. 美猴王想要一件合适的兵器，就去找东海龙王。试用了几件兵器都不满意，最后他看中了龙宫的定海神珍铁，便取来作为他的兵器……

3. 孙悟空大闹天宫被抓，太上老君将他关到八卦炉中。他在炉中被煅炼了七七四十九天，没想到不但没被烧死，反而炼成了"火眼金睛"……

三、猜谜题

红孩儿

第四章

第97页

一、简答题

略。

二、阅读理解

1. 心猿——孙悟空 意马——白龙马 木母——猪八戒 禅主——唐三藏 黄婆——沙和尚

2. 四十一回，五十三回，四十一回，四十一回，五十九回

第 103 页

一、列举题

车迟国国王 比丘国国王 灭法国国王

二、选择题：B

三、简答题

示例：孙悟空：桀骜不驯、敢作敢当、敢于反抗压迫、机智勇敢、爱憎分明、嫉恶如仇、正直无私、行侠仗义、无所畏惧、幽默；喜欢“戴高帽”、好胜心强、喜欢搞点恶作剧。

猪悟能：一方面好吃懒做、见识短浅、爱搬弄是非、爱耍小聪明、爱说谎，爱占小便宜、贪恋女色；另一方面又不失忠勇和善良、战斗时很勇猛、能知错改错、淳朴憨厚。

唐玄奘：崇信佛法、严守戒律、目标明确、立场坚定、勇往直前的精神坚不可摧；但有时贤愚不分、好坏不辨。

沙悟净：忠厚老实、任劳任怨、忠于职守；但缺少自己的见解。

第 109 页

一、综合题

下联：化险为夷，师徒取得真佛经

二、选择题：D

三、填空题

猪八戒；孙悟空；沙和尚；唐僧

四、猜谜题

紫阳真人

第 115 页

一、阅读理解

太上老君把孙悟空放入炼丹炉内烧了四十九日，以为他已化为灰烬。太上老君开炉取丹时，孙悟空竟跳出炼丹炉就往外跑。众神打不过他，便请来如来佛祖帮忙，最后被佛祖压在五行山下。

二、填空题

西梁女（儿）国、宝象国、乌鸡国、车迟国、天竺国、朱紫国、比丘国、祭赛国、灭法国（写出两个即可）

三、选择题：A

四、综合题

降魔伏妖，悟空荡平取经路

第 121 页

一、阅读理解

1. 孙悟空是如何智借芭蕉扇的。

2. 心理；神态；动作

二、猜谜题

普济

三、简答题

首先变成一个花容月貌的女子，来山上送饭还愿；接着变成一个老妇人前来寻找女儿；最后变成一个老公公前来寻找女儿和妻子。

第 127 页

一、问答题

金箍棒最初是一块神铁，这块神铁在大禹治水时期被用作测量江海的定子。

二、选择题：A

三、简答题

1. 憨厚淳朴、好吃贪睡、爱占小便宜、嫉妒心强、喜欢搬弄是非，猪八戒是一个缺点很多却讨人喜欢的人物。

2. 乱改名著是不可取的，阅读名著可以增长知识、提高修养、陶冶情操，名著具有一般文学作品所无法取代的魅力，乱改名著是对原著的一种不尊重。

第 133 页

一、选择题：B

二、填空题

白龙马

三、简答题

这段词写得实在是妙，把一个儒雅学士的形象刻画得十分立体。从头到足，出奇的飘逸潇洒！怨不得皇帝也认不出来呀，只怕我们见到也得生出羡慕结交之心呢！

第五章

第 141 页

一、简答题

1. 唐僧师徒取经路上经过一座高山，山中的妖精“白骨夫人”想吃唐僧肉，又惧怕唐僧身边的徒弟，因此她先后变成村姑、寻找女儿的老婆婆及老公公来欺骗唐僧，伺机下手，可每次都让火眼金睛的孙悟空识破。孙悟空三次棒打白骨精，前两次让她逃脱了真身，第三次在土地山神的帮助下终于杀了这个妖怪，让她现出了原形。

2. 是你火眼金睛让妖魔鬼怪原形毕露，是你不畏艰险一心除妖保护师父，是你意志坚定为取经大业保驾护航。

二、选择题：A

三、问答题

五行山下

第 147 页

一、填空题

浪漫主义；神话；花果山福地，水帘洞洞天

二、综合题

略。

三、阅读理解

1. 东海借兵器

2. 孙悟空

第 153 页

一、选择题：B

二、填空题

太白金星；太上老君

三、阅读理解

1. 上文描述的是孙悟空和哪吒对战的情节，他们棋逢对手，各显神通。

2. 作者采用对比的手法，将两人对照来写，让读者在比较中分清好坏、辨别是非，加强文章的艺术效果和感染力。

3. 运用生动的比喻、恰当的烘托、鲜明的神态和变换的动作表现了两人对战的激烈程度。

第 159 页

一、填空题

水帘洞；定海神针；如来佛祖

二、选择题：C

三、综合题

②①④③

第六章

第 167 页

一、简答题

白鼠精曾受恩于托塔李天王父子，所以在无底洞中供奉他们的牌位，同时，托塔李天王父子一来，她就受降伏罪，显出了重义报恩的一面。

二、选择题：B

三、阅读理解

1. 这段描写了悟空被几位天兵天将砍杀却毫发未损的情景，这让玉帝很吃惊。

2. 进一步表现了齐天大圣的本领高强。

第 173 页

一、简答题

唐僧取经被火焰山挡住去路，土地神告诉孙悟空必须向铁扇公主借扇熄火；

先是好言与铁扇公主借，铁扇公主因为儿子红孩儿曾被孙悟空所伏，所以把孙悟空打到了小须弥山；

孙悟空带了小须弥山的灵吉菩萨送的定风丹再去找铁扇公主，铁扇公主见打不过孙悟空就逃回山洞；

孙悟空变作一个小虫子钻到铁扇公主的肚子里才迫使她借扇给他。谁知这回借到的是假扇，火越扇越大，还是不能过火焰山。

二、选择题：A

三、阅读理解

1. 孙悟空

2. 吴承恩；三借芭蕉扇（大战铁扇公主、过火焰山）

第 179 页

一、阅读理解

1. 文中的俗语、谚语反映了明代世俗社会的时代特点，表现了那个时代的特有风貌与生活气息，这是各种趣味语言的运用。

2. 使得小说充满活力与亮点，流传至今仍然深受读者的喜爱。它在增强作品趣味性的同时，还有力地反映了当时那个时代所具有的时代特点，有助于我们了解当时的社会风俗和语言习惯。

二、选择题：C

三、填空题

灵山；蝎子精；雷音寺的一头毒蝎

四、问答题

十个

第七章

第 187 页

一、列举题

示例：如来佛祖、观音菩萨、菩提祖师、太白金星、镇元大仙。

二、选择题：D

三、填空题

孙悟空；如意金箍棒

四、阅读题

1. 此处是众僧在讨论西天取经的缘由。

2. 众僧意见不一的猜测，莫不是一些前途险恶难测的推断，这是作者为了突出主角所加的铺垫。

3. 从后文三藏"拑口不言"，与众人相比另类的表现中可看出他的与众不同、思想之深。这也是作者想让主角在新的环境中获得尊重所设置的一个考验。

第 193 页

一、选择题：D

二、谚语理解

上文中孙悟空用通俗易懂的语言简单明了地说出了自己的厉害，使人听着不自觉地就会相信他的本领高强。

三、阅读理解

说明了唐僧小心谨慎的性格特点，生怕出了差错。

第 199 页

一、选择题：A

二、谚语理解

上文深刻地体现了孙悟空在经历了许多磨难后成熟了，也对佛学道理有所悟，有所参透。

三、阅读理解

孙悟空也有不擅长的东西，虽说他下得了地，上得了天，可就是不擅长水战，不知水性。说明这世界上人无完人！

第 205 页

一、选择题：C

二、谚语理解

上文表现了小妖精自以为是和处事干脆利落的特点。

三、阅读理解

这段话写出了孙悟空的自以为是，也写出了

他淘气、可爱的本性。

第 211 页

一、选择题：B

二、惯用话理解

上文表现了孙悟空幽默、风趣的性格特点，本来很紧张的氛围在这一句话中得到缓解，读着有趣，听着搞笑，增添了趣味。

三、阅读理解

上文这段对话是为之后孙悟空死心塌地跟着唐僧取经的铺垫的。

第八章

第 219 页

一、选择题：A

二、惯用语理解

上文中鲜明地表现了猪八戒“事不关己，高高挂起”的惫懒人物性格。

三、阅读理解

上文说明了孙悟空受不得人气的性格特点。也为下文孙悟空之后几次离开唐僧做了铺垫。

第 225 页

一、选择题：A

二、惯用语理解

表现了八戒面对美食经不住诱惑的特点。

三、阅读理解

说明了哪怕水远山高、路多虎豹、峻岭陡崖难过、毒魔恶怪难降，三藏去西天取经的想法都很坚定，不容动摇。

第 231 页

一、选择题：B

二、俗语理解

体现了就算是在佛界也有人间的人情世故，佛祖也有人间亲戚，这无形中拉近了佛界与人界的距离。

三、阅读理解

这一段写出了玄奘谦虚、尊重老者的性格特点。

第 237 页

一、选择题：A

二、俗语理解

说明了即使是在佛界，也免不了人情世俗。

三、阅读理解

这段话树立了孙悟空机智、聪明、很有办法的形象。

第 243 页

一、选择题：A

二、俗语理解

能清晰地看出凡间的礼俗制度。

三、阅读理解

猪八戒也不是那种只会吃、不会干的人，其实猪八戒在关键时刻也能派上用场。

第 249 页

一、选择题：C

二、谐音的运用

孙悟空借助同音巧妙地由“唐人”联想到“糖人、蜜人”，故意曲解老者的意思以表达自己的不满，令读者因出乎意料而发笑。

三、阅读理解

这段话写出了孙悟空的英勇善战，凭一己之力打退了哪吒太子和五个天王。

第 255 页

一、选择题：B

二、谐音的运用

巧妙地表达了八戒对当和尚不满的情绪，同时也体现出了猪八戒那种大大咧咧、憨厚惫懒的性格特征。

三、阅读理解

这一段与赤脚大仙的对话体现了孙悟空的机智。

第九章

第 263 页

一、选择题：C

二、谐音的运用

《西游记》里的猪八戒是个负责插科打诨的滑稽人物，在书中曾经提过唐僧俗家姓陈，所以八戒在唐僧掉下冰窟窿、不见踪迹的时候称师父为“陈到底”，谐音“沉到底”，惹人发笑。

三、阅读理解

说明了孙悟空除了大大咧咧的一面，他还是十分谨慎、小心的。

第 269 页

一、选择题：C

二、问答题

八十一；十万八千里；七十二

三、猜灯谜

红孩儿

四、阅读理解

示例：七十二变（腾云驾雾、使金箍棒……）

第十章

第 277 页

一、选择题：A

二、俗语理解

放了屁儿却使手掩：饰非的意思。

三、阅读理解

写出了孙悟空的顽劣、大胆，同时也反衬出了唐僧对于老者的尊重。

第 283 页

一、选择题：B

二、俗语理解

好死不如恶活：只要活着，即使要忍受屈辱、折磨，也比死了好。

三、阅读理解

写出了孙悟空喜欢炫耀、大胆的个性。

第 289 页

一、选择题：C

二、俗语理解

好事不出门，恶事传千里：好事情不容易传扬，坏事情却往往传得很快。

三、阅读理解

孙悟空历经千辛万苦保师父上西天取经，半路却被师父赶走，确实心痛。猪八戒的油嘴滑舌确实也让人讨厌。

第 295 页

一、选择题：A

二、谚语理解

好借好还，再借不难。意思是向人借钱借物以后要记在心头，尽快归还，这样下次再借就很容易。

三、阅读理解

从上文可见，当时的冥王、龙王都把孙悟空作为妖孽看待，玉皇大帝也准备派兵捉拿他。只是后来太白金星出面劝谏，提出了招安孙悟空的建议，大家才就此作罢。

第 301 页

一、选择题：C

二、俗语理解

莫信直中直，须防人不仁：不能只信任对方表面的正直，要提防对方会下毒手。

三、句式判断

“快去！快去！”使用的是反复的修辞手法。反复，即根据表达需要，使同一个词语或句子一再出现的方法。反复可以是连续的，也可以间隔出现。

四、简明释义

比喻英雄失势时，容易被小人欺侮。

第307页

一、选择题：C

二、俗语理解

明人不做暗事：心地光明的人不在暗地里做见不得人的事。指为人处事光明正大。

三、句式判断

“若打了牙，挡了眼，却怎么是好？”用的是反问的修辞手法，反问是用疑问的形式来表达肯定的意思，因此不需要回答。

四、简答题

1. 挠：搔。抓抓耳朵，搔搔腮帮子。形容人心里焦急、苦恼、忙乱时无计可施的样子。

2. 挤眉弄眼、左顾右盼、东张西望

3. 作定语；用于人高兴、焦急、心烦、心乱等情形中。

第十一章

第315页

一、选择题：B

二、俗语理解

远来的和尚好看经：比喻外来的人较受重视。

三、句式判断

“好似夜猫惊宿鸟，飞洒满天星。”采用的是明喻的修辞手法。明喻是比喻的一种。比喻就是打比方，它是用某一具体的、浅显、熟悉的事物或情境来说明另一种抽象的、深奥、生疏的事物或情境的一种修辞方法。比喻主要分明喻、暗喻、借喻三种形式。

四、简答题

1. 渡过海洋。多指去异国他乡或远处。

2. 去异国他乡寻求仙道，立志用心专一建功立业。

3. 作谓语、宾语；指到异国。

第321页

一、选择题：B

二、俗语理解

画虎不成反类狗：描绘老虎的样子却画得不像，反倒画成一只威猛尽失的狗。比喻人好高骛远，但能力不足，仿效失真，变得不伦不类。

三、阅读理解

1. 从第一回到第七回，叙述孙悟空出生、求仙得道、大闹“三界”；

从第八回至第十二回，描写如来说法、观音访僧、魏徵斩龙、唐僧出世的故事，交代取经缘起；

从第十三回到第九十九回，描写孙悟空被迫皈依佛教，与唐僧西行，路遇八十一难，但在佛力的支持下，由八戒、沙僧协助孙悟空保护唐僧，一路斩妖除怪，安达西天，取得真经；

第一百回为全书的结尾，描写师徒四人修成正果，取经回到东土。

2. 各个部分相对独立，包含的小故事可以独立成篇，如大闹天宫、三打白骨精等。

第327页

一、选择题：C

二、俗语理解

泰极还生否，乐处又逢悲：事情发展到了极限，就转化为相反的一面。指乐极生悲。

三、美文赏析

上文长短句结合，一路对偶下来，让人叹服作者高超的语言驾驭能力。字里行间展现出一个美丽神奇、钟灵毓（yù）秀的花果山。

第十二章

第 335 页

一、选择题：B

二、俗语理解

告人死罪得死罪：诬告他人反而自己受罚，劝诫人不可诬陷他人。

三、填空题

蟠桃会；金丹；水帘洞；10 万；二郎神；太上老君；金钢琢

第 341 页

一、选择题：C

二、阅读活动

1. 略。

2. 略。

3. 如来佛祖

故事情节：收服孙悟空，辨识六耳猕猴，收服大鹏雕。

性格特点：法力无边，权力无限，出尔反尔，徇私情。

观音菩萨

故事情节：火云洞智取红孩儿，捉拿灵感大王。

性格特点：心存仁爱，大慈大悲，普救众生，手段高强。

太上老君

故事情节：金钢琢打孙悟空，三昧真火炼悟空，收服青牛。

性格特点：道行深厚，与世无争，胆小怕事，吝啬小气。

二郎真君

故事情节：大战孙悟空，助悟空打败九头怪。

性格特点：武艺超群，法力深厚，讲义气，重情义。

第 347 页

一、选择题：B

二、俗语理解

起头容易结梢难：事情开头容易，但要有令人满意的结果却很难。

三、列举题

1. 示例：金角大王 银角大王 青毛狮子怪 独角兕大王

2. 示例：黑熊怪　红孩儿　白骨精

第 353 页

一、问答题

西天天竺国大雷音寺如来佛祖处取大乘佛法真经。

二、简答题

炼丹炉里烧孙悟空。

三、选择题：A

四、填空题

狮驼山；毫毛；绳子；心肝

第 359 页

一、选择题：A

二、阅读理解

这是玉兔精那一回中的一段词，主要是暗写真公主的可怜遭遇。

三、美文赏析

上文看似为过渡写景，在第十三回的开头第三段安排这样的文字，实际上是作者巧妙而诗意地描绘出师徒四人旅途劳顿的样子，以及借宿寺庙所处位置的偏远，还用“星河”“砧韵”“夜将分”点明时间之晚，用一个时间上的结束来昭示另一个新故事的开始。